像比尔·盖茨一样思考

How to Think Like Bill Gates

[英]丹尼尔·史密斯/著

彭汉良/译

武汉出版社
WUHAN PUBLISHING HOUSE

(鄂)新登字 08 号
图书在版编目(CIP)数据
像比尔·盖茨一样思考/[英]丹尼尔·史密斯著；
彭汉良译.—武汉：武汉出版社，2016.9(2018.7 重印)
ISBN 978－7－5582－0645－0
Ⅰ.像… Ⅱ.①丹… ②彭…
Ⅲ.①盖茨(Gates，Bill 1955－)—电子计算机工业
—工业企业管理—经验 Ⅳ.①F471.244
中国版本图书馆 CIP 数据核字(2016)第 226256 号
How to Think Like Bill Gates by Daniel Smith

著　　者：[英]丹尼尔·史密斯
译　　者：彭汉良
策　　划：何　伟
责任编辑：明廷雄　张雨濛
封面设计：刘福珊
出　　版：武汉出版社
社　　址：武汉市江汉区新华路 490 号　　邮　编：430015
电　　话：(027)85606403　85600625
http：//www.whcbs.com　　E-mail：zbs@whcbs.com
印　　刷：武汉市金港彩印有限公司　　经　销：新华书店
开　　本：880mm×1230mm　1/32
印　　张：8.5　　字　数：180 千字
版　　次：2017 年 3 月第 1 版　　2018 年 7 月第 2 次印刷
定　　价：38.00 元

How to Think Like Bill Gates

目　录

How to Think Like Bill Gates

前　言

> 他不但具有技术睿智，懂得什么东西是即将面世的尖端产品，而且有向我们推销产品的商业智慧。这两种天赋的强势结合，使比尔·盖茨成为企业家当中一个非常稀缺的旷世奇才。
>
> ——德斯·狄洛夫，1999 年

比尔·盖茨在很多人的心目中具有多重角色。有些人认为他是一个信息技术的天才，其软件已经驱动全球贸易三十多年；还有一些人认为他是征服世界的极客怪才。诋毁他的人则把他看作一个 40 岁前就贵为世界首富的无节制消费的偶像。然而，在过去的数年中，或许与人们的预期大相径庭的是，盖茨被誉为终极的社会改良家，重新定义了慈善事业。

盖茨极不寻常的阅历展现出他是一个极其复杂的人。他出生于一个安逸的美国中产阶级家庭，一涉及计算机，很快就显露出他是一个不可多得的奇才。他人生最初的几十年一直禁锢在自己的圈子里，忙于编写代码和发展他的商业帝国。到20世纪80年代，盖茨已经把微软公司变成了这个星球上最成功的公司之一。他和乔布斯是两位如雷贯耳的科技时代的巨兽，他的这位强劲对手（有时也是朋友）给计算机行业带来了一股豪放不羁的气势，而戴眼镜的盖茨最终成了古板却又蓬勃发展的美国商业标致性的领袖人物。

作为一名商人，他获得了一个敢于决断的名声。他不仅知道如何为市场研发产品，而且也精于向市场推销产品。实际上，有些人控告他过度智取他的商业对手，这一起诉导致了经年累月的官司，涉及好几项微软公司商业操作的合法性问题。这就是盖茨驱动全世界个人电脑之软件的主宰优势，其他研发商审时度势，感到留给自己发展的空间所剩无几。反过来，盖茨辩称，微软仅仅是收获一个创新巨头的回报而已。

从卧室里起步，开创了自己的事业，盖茨发现自己从一个有几分胆量、受人们支持的小伙子，转变成了遭到许多人诟病的一个全球帝国的首脑。一旦你的个人财富使世界上大多数国家的 GDP 相形见绌，你就很难被说成是“沧海一粟”了。虽然盖茨聪明盖世，能说会道，有数以亿计的资金滚进他的银行账户，但他依然缺乏乔布斯那种与生俱来的超凡魅力，那种足以赢得流行音乐明星般的受欢迎程度。

不过到了 90 年代中期，盖茨发生了明显的改变。那个每次要花几天几夜工夫完善电脑软件的书呆子技术男正在步入中年，他娶妻生子；更重要的是，他从显示器前走开，向外去看世界，结果他目睹到的人世间的不公正让他感到震惊和胆寒。他不曾想到，一个人接受良好教育的机会，甚至体面长寿的生活，都同你投胎出生的国度有一种内在的联系，就像撞大运中彩票似的。

他充分利用自己的天赋才智，使自己大富大贵，就这样度过了人生的几十年。有一天，他决定是自己回馈社会的时候了。他逐步淡出日复一日的微软管理工作，转而将自己的精力投身于慈善事业。他改善世界的希望绝不是要证明这是一个昙花一现的狂热。他与爱妻在 2000 年成立的“比尔与梅琳达·盖茨基金会”，现在是世界上最富有的慈善组织之一，也许更为重要的是，从整个走势来看，该组织的运作方式会慢慢影响到慈善机构如何从事它的事业。

当然，并不是每一个人都热心追捧基金会的筹资或如何分配资金的方式，盖茨也承认并不是基金会的所有慈善活动都已经达到他的既定目标。但是，对于“比尔与梅琳达·盖茨基金会”在美国和广阔的发展中国家产生的巨大影响，几乎没有争议。正像很多人所期待的那样，如果类似小儿麻痹症这样的杀手在未来几年中被消灭，那么必须给盖茨基金会在这场战役中的贡献大力点赞。

这时的盖茨已经完全“洗心革面”。一位在20世纪八九十年代代表西方资本主义“得、得、得”文化的知名人士，业已成为21世纪“舍、舍、舍”运动的领军人物。《时代周刊》杂志提名盖茨为20世纪100名最具影响力的人物之一。现在我们很想知道，他最大的财富是要捐赠给计算机的研发事业，还是重新配置给我们所认为的慈善事业。

撰写《像比尔·盖茨一样思考》一书，旨在审视他个人性格与思想观念的主要方面，以及考量对他一生中不同阶段产生最重要影响的某些因素。如果该书可以证明点什么，那就是，伟人的人生并不简单，盖茨与其他伟人相差无几。他是一个天赋极高的人，在事业打拼中争强好胜，有时候表现出必要的残酷无情。他本质上是一个破解难题的人（无论是使电子制表软件效果更好还是如何减少全球贫困），早年被追求出人头地和发家致富的欲望所驱使。然而，随着人到中年，盖茨的兴趣已经不在积累个人财富，而是琢磨如何最好地使用财富的方法。这一人生转折引人入胜，他的生平各章将持续提供相关的经验教训。

How to Think Like Bill Gates

传奇人生的里程碑

1955 威廉姆·亨利·盖茨三世于 10 月 28 日出生在华盛顿州的西雅图市，父母是威廉姆和玛丽·盖茨。他后来名扬四海，成为家人口中的“特里”（三点的牌）和大千世界的比尔。

1967 比尔就读于西雅图北部哈勒湖畔一所富家子弟专用的湖滨私立预备学校。

1968 成为该校计算机俱乐部的成员，写下他的第一个程序，在 33 型电传打字机的终端运用 BASIC 语言与一个遥远的计算机主机连接。另一位俱乐部成员是保罗·艾伦，最后盖茨与他合伙创立微软。

1970 盖茨与艾伦写下一个交通监视程序，他们称之为 Traf-

O-Data,两个少年因此赚了数千美金。

1972 盖茨暑期在美国众议院听差(做议员的助手)。

1973 在高中举办的美国大学入学考试中考取高分之后,盖茨注册了哈佛大学的法律预科课程。在那里他与史蒂夫·鲍尔默成了朋友。

1974 盖茨与艾伦暑期给霍尼韦尔公司打工,这是位于新泽西州的一家技术公司。

1975 盖茨与艾伦为第一台微型计算机"天牛星 8800"弄了一个 BASIC 软件包，这是由罗伯茨的 MITS 公司生产的个人电脑的里程碑。盖茨从哈佛退学,在新墨西哥州的阿尔伯克基与艾伦合伙创办微软。

1976 微软(如今蜚声全球)正式登记注册成为一家公司。盖茨发表公开信谴责电脑爱好者盗窃软件。

1977 因商业经营方面的分歧,与 MITS 的关系破裂。与此同时,盖茨结识西和彦,后者帮助他在日本创办微软分公司。

1978 分公司的日本销售部开业。这一年微软的收入高达 100 万美元。

1979 公司将美国总部搬迁到盖茨和艾伦的家乡西雅图。

1980 微软同意向工业巨头——国际商用机器公司（IBM）研发的个人电脑提供一套操作系统。

1981　微软成为股份有限公司,盖茨就任执行总裁和主席,占有公司53%的股份。苹果老板史蒂夫·乔布斯找到盖茨,请求他为即将问世的麦金塔电脑(俗称苹果机)设计软件。

1983　《时代周刊》将该电脑提名为“年度机器”。保罗·艾伦被诊断出患有霍奇金氏病,离开微软。

1985　微软推出 Windows 操作系统,采用了视窗化操作界面。

1986　微软上市。盖茨的股权价值达上亿美元。

1987　盖茨成为历史上最年轻的亿万富翁。在纽约的一次聚餐会上,与雇员梅琳达·弗兰奇不期而遇,后者日后成为他的妻子。

1988　苹果起诉微软失败,此案乔布斯控告盖茨在创造 Windows 时窃取了麦金塔电脑的新发明。

1989　盖茨创建 Corbis 数字图像档案。微软推出办公软件,这是包括 Word 和 Excel 在内的一套应用软件。

1990　由于发行 Windows 3.0,公司保持了较高的利润水平,第一次岁入高达 10 亿美元。

1992　《福布斯》提名盖茨为美国首富。

1993　美国司法部以反垄断之名开始调查微软。

1994　盖茨迎娶梅琳达·弗兰奇,同年创建“威廉姆·H.盖茨基金会”。

1995 Windows 95 面世，同时推出的还有微软自己的网络浏览器，即因特网浏览器(Internet Explorer，简称IE)。盖茨出版第一本书《未来之路》。《福布斯》第一次提名盖茨为世界首富，其资产几近 130 亿美金。

1996 梅琳达·盖茨生下女儿詹妮弗。一家名叫 Netscape 的国际互联网浏览器公司，要求司法部调查 Windows 与 Internet Explorer 的捆绑销售情况。

1997 盖茨与家人搬进他们定制建造的华盛顿湖庄园。

1998 司法部指控微软犯有反竞争行为。

1999 梅琳达生下儿子罗里。盖茨出版了第二本书《未来时速》。微软的股票创历史新高。

2000 盖茨的微软执行总裁一职由他的老校友史蒂夫·鲍尔默替代，盖茨自己担当首席软件设计师的头衔。一位法官裁决将微软公司分割成两个公司——一个公司经营 Windows 操作系统，另一个公司专营其他所有软件。这一决策一年后遭到否决。与此同时，“威廉姆·H. 盖茨基金会”归入新成立的“比尔与梅琳达·盖茨基金会”。

2001 Windows XP 发布，Xbox 游戏机控制台即为该产品。

2002 梅琳达生下次女菲比。

2004 欧盟委员会对微软提出反垄断诉讼。

2005 《时代周刊》提名比尔与梅琳达·盖茨为年度人物，一同登榜的还有波诺，表彰他们的慈善工作。比尔还获得英国荣誉爵士封号。

2006 亿万富翁沃伦·巴菲特将自己大部分财富委托给“比尔与梅琳达·盖茨基金会”。微软宣布盖茨将在2008年终止其在公司的全职角色。

2007 微软发布Windows Vista。盖茨在辍学32年之后，获得哈佛大学的荣誉学位。

2008 欧盟委员会对微软处以14亿美元的天价罚款。盖茨7月如期离开全职岗位，以便有更多的时间管理他的基金会。在达沃斯世界经济论坛的一次会议上，盖茨介绍了他的“创造性的资本主义”哲学。

2010 基金会承诺以10年为期调拨100亿美元用于为世界最贫困国家研究、开发和投放疫苗。

2011 基金会发起“厕所改造”运动，这是一项鼓励创造发明的倡议，旨在为25亿没有安全卫生设施的人谋福祉。

2012 小儿麻痹症被宣布为不再是印度的地方病，这是盖茨让世界摆脱疾病使命的一个里程碑。

2013 “比尔与梅琳达·盖茨基金会”与“比尔、希拉里和切尔西·克林顿基金会”联手评估世界各地保护妇女与女童权益的进步。

2014　盖茨卸下微软主席一职。他同意做公司新任执行总裁萨提亚・纳德拉的特别顾问。继 2010 年之后，他再度被《福布斯》提名为世界首富。

2015　《泰晤士报》做的一项民意调查发现，盖茨是世界上最受人崇拜的人。

Engage Your Brain

天生我才必有用

如果你以创造性的方式对待挑战,人生将其乐无穷。

——比尔·盖茨对作家珍妮特·洛说,1998 年

没有人能够说比尔·盖茨的成功是一部从赤贫到巨富的发家故事。他不需要一路打拼跳出贫民窟，或者依靠自己的努力改变境遇。尽管如此，他的早年生活依然是一个可资借鉴的实例，那就是最大限度地利用上苍赋予你的优势。

威廉姆·亨利·盖茨三世于1955年10月28日出生在华盛顿州的西雅图市。他的父亲是老威廉姆·盖茨，以律师为业；母亲玛丽是一名教师和商人。家里三个孩子，比尔排行老二，是父母唯一的儿子。由于这家人很喜欢玩纸牌，所以比尔就落下了一个乳名"Trey"（三点的牌），这是玩牌者对于"Three"（三）的通用叫法，这个"小三点"也一语双关地反映了他"三世"的称号。

比尔的父母考虑问题周到，又都受过良好的教育，所以就希望儿女们同样如此。从孩提时代开始，比尔就受到鼓励，要有能够开发智力的兴趣爱好。譬如，在上学日晚上禁止看电视。相对来说，盖茨对这条家规还容易顺从。正如1986年他告诉一位采访者那样："虽然我并不属于讨厌电视的人群中的一员，但是我认为电视不能够很大程度地启迪心智。"盖茨一家人并不沉迷于看电视，而是乐于聊天、游戏和阅读之类的活动。

阅读在生命的不同阶段从根本上塑造了盖茨的人生，我们将在后面看到他与书籍的深度关系（见"像比尔・盖茨一样阅读"一节）。那个时候，从时事政治到文化、体育和每天的生活琐事，这种无所不谈的家庭讨论确保了年轻的比尔具有广博的兴趣和清楚明白地表达意见的能力。与人们心目中的创新技术极客的形象正相反，比尔从来就不是躲在电脑屏幕后面寻求舒适的内向小男孩。

实际上，他的性格颇有几分外向，属于一种高度竞争的外向型。盖氏家族鼓励竞争，授予他一个与玩纸牌有关的绰号，盖茨的性格倾向似乎并不出人意料。譬如，这一家人每年都要去普吉湾的胡德运河之滨度假。盖茨一家会与其他年轻的家庭结伴同行，这样的度假有一个亮点，那就是有一场人人奋力争先的微型奥运会。虽然比尔个头小，但是他勇猛顽强，意志坚定。只有那些有勇无谋的伙计会低估他这个对手。1998 年，比尔·盖茨在与作家珍妮特·洛交谈时披露："在夏天，我们会……玩很多竞争性的游戏——接力赛、扔鸡蛋、夺旗。这样的度假让所有人都非常开心，无形中培养了一个意识，那就是我们能够竞争并且成功。"

比尔对战略性的游戏情有独钟，尤其是象棋（他渴望成为国际象棋大师）与围棋，回首他的童年，了解了其中原委，这就不足为奇了。他的成就得益于对逻辑的自然掌握和过目不忘的记忆力。有一次，牧师在家庭教堂里布道，他宣布凡是能够背诵耶稣"登山宝训"的一律颁奖。盖茨是志在必得，轮到他的时候，一字不差地倒背如流。牧师大为惊异，问他如何练就了此等绝技。盖茨年少气盛，不屑一顾地说道："只要下定决心，我无所不能。"

长大之后，他的超强记忆进一步得到证明。在高中的时候，有一次他参加戏剧表演，登台亮相毫不怯场，说起台词如瓶泻水，滔滔不绝。他对计算机编程的热爱日益浓厚，这样好得无懈可击的记忆力真是如虎添翼，记忆大量的电脑编码的能力使他能够预见游戏的演绎方向。

盖茨是伴随着太空探索的《男孩自己》系列故事长大的，他也乐于接受未来技术发展的可能性。6岁时，他参观了在西雅图举办的世界博览会，其中最引人注目的是一个高耸入云、颇具视觉冲击力的观察塔，那就是有名的“太空针”。在20世纪60年代初期的美国，未来就是凡事皆有可能的时代，盖茨衷心赞许这一观点。从盖茨的例子可以看出，少年是真正的人类之父，但凡是一个梦想，他就绝不让它熄灭。

童年的盖茨在学校读书的时候，就展现出极高的天赋，但是他的注意力往往开小差，所以当他11岁上六年级的时候，父母就将他转学到私立的湖滨学校，希望该校能够给他一些作业来开发他蓬勃发展的智力。1973年他参加了美国大学入学考试，他在数学和科学领域展现出特殊的潜能，光数学部分就得了完美的800分。然而，他不是那种只会玩一个把戏的小马驹，而是培养自己广泛的兴趣，因而在高中时对戏剧喜闻乐见，对政治也关注有加。多年以后，他承认少年时代是他人生发展的关键时期。盖茨对《黑客：电脑革命的英雄》一书的作者——史蒂芬·列维宣称，他17岁的时候就形成了“软件大脑”。

他大有希望的潜质很快就受到有关方面的关注，好几所常春藤名校向他招手，他最终选择了哈佛。然而，像他未来的重要对手史蒂夫·乔布斯一样，盖茨在大学里经常逃课。他继续在他感兴趣的科目中名列前茅，对没有兴趣的科目却淡然处之。他充分利用计算机实验室从事自己的项目，有时候进去一次就连续待上好几天。感到枯燥无味的时候，他就连续不断地玩扑克来打发时间。

盖茨出生的家庭环境，对那种精力旺盛、才智出众的人不但赏识，而且积极鼓励。他思维敏捷、勤于动脑，为世界必然出现的事物激动不已，于是大获成功。盖茨也许不会是模范学生，尤其是在不能激发他想象力的领域，但是他大方展现自己超人的智慧，不觉得有必要像其他孩子一样向世人隐藏自己的才华。

2000年，辛西娅·克罗森出版了一本书，叫《富人与他们的生财之道》，书中引用了盖茨的话："聪明是一种吸收新事物的能力，能提出有洞察力的问题，并即时消化吸收。聪明也是一种过目不忘的能力，是一种把乍一看似乎毫不搭界的各领域关联起来的智慧。"这是让他受用无穷的信条。

Gates's Heroes

盖茨心目中的英雄

一个丑陋的小子,又不是真正的法国人,如何能起来反抗并且改写了欧洲的法律……这是一个聪明绝顶的家伙。

——比尔·盖茨,引自《盖茨:微软大亨如何打造了一个产业——使自己成为美国首富》一书,1993 年

盖茨从不崇拜英雄，即便少年时代也是如此。而那个时候，我们大部分人都用运动员、流行歌星、电影偶像或政治革命家的肖像来装饰墙壁，我们对于他们的挚爱可能经得住或经不住时间的考验。然而，盖茨慢慢地遴选出了一个令他崇拜的人物圈子，包括一些历史上最伟大的人物。

譬如，他是艾萨克·牛顿爵士的忠实粉丝。牛顿是一位以发现万有引力定律而万古流芳的17世纪至18世纪的自然哲学家。作为数学家和物理学家的同行，盖茨当然渴望成为顶尖级的人物。还有一位值得他钦佩的人物是列昂纳多·达芬奇，这位博学多才的意大利人（从绘制蒙娜丽莎到早在人类飞行之前的几百年前就设计出飞行器的雏形），其各项成就使他成为“多才多艺者”的典型。列昂纳多一直把盖茨迷醉到成年时期，正如我们将在“享受你成功的排场”那一节里面读到的那样。1995年他对《纽约时报》说：“列昂纳多是有史以来最叫人称奇的人物之一。他才华横溢，是一位科学与艺术的跨界天才，任何时代的任何科学家都难望其项背。他也是令人叹为观止的画家和雕塑家。”

人类的领袖

非常明显的是，有一个让盖茨崇拜得五体投地的历史人物是拿破仑·波拿巴，这是个了不起的法国人，他实现了由将军到独裁者的身份转变。两个人都身材矮小。他们都有心利用冷静的算计与大胆无畏相结合的手段去征服世界。他们也都掌握了嗅出对手弱点的技巧，并且赢得了有时遭人诟病的粗暴领导风格的名声。要不了多久，人们就可以把盖茨重新描绘为技术时代的拿破仑。

在盖茨成长的岁月里，其他英雄开始进入他的视野，尽管不是很容易符合他严苛的标准。譬如，亨利·福特并没有达到标准,就追求成功而言,可将其当作一个榜样;就不能守成而言,又令盖茨失望。相比之下,纳尔逊·曼德拉以他超凡的宽宏大量和面对极端挑衅时的理智而赢得盖茨的崇拜。这位南非伟大的反种族隔离领袖和软件男巫之间的相似之处,在盖茨的年轻时代很难看出来,但是曼德拉对盖茨成为一名全球慈善家的那种转世重生的影响力却显而易见。

或许在盖茨年轻时,他的一个更明显的崇拜对象是泰格·伍兹。后者从无名之辈脱颖而出,制定了高尔夫世界的新标准;而在这之前,盖茨在计算机行业发挥了同样的影响。两人年纪轻轻就功成名就,傲视群雄,先后成为各自领域的翘楚。

盖茨还因为他喜爱的另外一个人,将他的注意力转向现代科学界,那就是诺贝尔物理学奖得主理查德·费因曼。1988年就在盖茨决定亲自拜访费因曼不久,这位他仰慕已久的大师突然撒手人寰,这让他黯然神伤。费因曼,生于1918年,美国理论物理学家,以量子力学(包括量子计算领域)和粒子物理学享有盛名。因为他对量子电动力学的努力与奉献,他与人分享了1965年诺贝尔物理学奖。他也寻求到一种创新方式展现他的发现,创造了一个图形系统,该系统后来以费因曼图而闻名于世。毫无疑问,盖茨欣赏他全面理解本质与形式两者的重要性。但是,也许对这位微软总裁最具吸引力的是费因曼在写给学生的信中所高度概括的那两句话:“最有价值的问题就是你能够真正解决或帮助解决的问题,你能够真正做出贡献的问题……如果我们能够真正对它做点实事,就没有任何问题是不屑一顾的鸡毛蒜皮的小事。”盖茨对这番话总能脱口而出。

朋友与榜样

> 不要与世界上任何人去攀比。如果你这样做,就是自取其辱。
>
> ——比尔·盖茨

盖茨坦承,他最敬重的沃伦·巴菲特对他安身立命的科技界没有什么感觉。然而,这个白手起家的亿万富翁,也是与盖茨争夺世界首富头衔的主要对手之一,对盖茨的慈善事业也产生了重大的影响。巴菲特于1930年出生于内布拉斯加州的奥马哈，是伯克希尔·哈撒韦公司的主管，被大多数人公认为是有史以来最精明的投资者。2015年他的资产估计达到730亿美元，这些钱差不多来自他在赛马中赌马押宝的独门技巧。巴菲特以“奥马哈神谕”的称号闻名遐迩，他把成功归功于不折不扣地坚守职业投资者本杰明·格雷厄姆所信奉的原则，早在20世纪40年代的后期就开始研读他的著作。巴菲特谙熟钱生钱的技术，掌握了生财之道，1965年在伯克希尔·哈撒韦公司投资的1万美元，到2014年价值已经超过了5千万美元。

1991年，在比尔的母亲玛丽安排的一次聚会上，盖茨第一次与巴菲特见面。两人一见如故，相谈甚欢。2006年，英国《卫报》引用盖茨谈及巴菲特的言论：“他看待事物的方式非常新颖和简单。”他们都具有幽默感以及同样的政治倾向——两人都倾向于民主党，这样的巧合大有裨益。他们甚至对食物的口味也非常相似：尽管他们富可敌国，经常出席豪华宴会，但是两人依然喜欢吃便宜的汉堡包。他们同样具有节俭的天性，有一次两人结伴去中国旅行，他们选择在一家麦当劳就餐，巴菲特用随身携带的积分代金券付账。但是巴菲特对他年轻的追随者的影响力远不止于此。

譬如，盖茨喜欢认真地打桥牌，就与巴菲特息息相关。(一个长期打桥牌的人，不打桥牌就有点奇怪了，这是谋略家最高端的纸牌游戏，早年尤其如此。)更加意味深长的是，盖茨相信巴菲特对他的经商之路有着十分重要的影响。1998年在圣何塞大学的一次演讲中，他说道："我以为，论及我的事业理念以及经商之道，巴菲特对我的影响之大超过任何一位商界领袖。"显而易见，巴菲特自己并未在微软投资，这是因为他立了一个规矩，总是只在他有信心和十分通晓的领域投资，计算机行业不符合那条规矩。尽管如此，他还是坦率地承认盖茨的企业家天赋，1992年他说："虽然我没有足够的把握来评判他的技术能力，但是我认为他实际的经商智慧出类拔萃。"

不管怎么样，从金融支持、战略制定和精神支持方面来说，我们的后代子孙一定会把巴菲特对盖茨慈善事业的影响视为两人友谊的最重要的成果。2008年，盖茨在电视节目《查理·罗斯访谈》中说：

> 对于榜样而言，沃伦·巴菲特是跟我关系最亲密的人，这是因为他为人正直、思维缜密，还有他做

每一件事情所带来的快乐。我要继续向我老爸学习,我也要继续不断地向沃伦学习。有好几回做决策的时候,我努力模仿他们处理问题的方法。

Find Your True Calling

找到你真正的使命感

我真的很走运，小小年纪，就发现了我热爱的事情，而且为之着迷，一直到今天我还是极感兴趣。

——比尔·盖茨在美国《工业周刊》上说，1996 年

1986年,《华尔街日报》专门刊登了一幅比尔·盖茨在哈佛读书时的生活照,旨在能够对千百万即将成人的在校大学生有所启示。盖茨是这样描写他自己的:“我坐在寝室里,装成一个有哲学头脑的抑郁的家伙,力图探索出我人生的意义。”

毋庸置疑,这是一个大体上准确的描述。在那幅照片中,他具体的人生之路尚未展开。然而,许多学生在他们无忧无虑的大学生涯接近尾声的时候,感到对将来的择业去向一无所知,而此时的盖茨几乎差不多注定要在计算机行业一举成名。他毕竟是把大量醒着的时间段用来磨练编程技术,并且长年累月乐此不疲。盖茨第一次正式与计算机打交道的时候，只有 13 岁，但是他与计算机的关系是建立在牢固基础上的，这一点很快不证自明。他找到了他的真爱，并且专心致志地去培养。

这“第一次约会”大概发生在 1968 年的湖滨中学，有点像未曾谋面的男女之间的约会，这是因为湖滨中学没有自己的计算机。在那个时代，这样的东西太大了，而且贵得学校根本就买不起。要想拥有一台大型计算机的主机——当年最前沿的机器——需要数百万美元的预算，加上数英亩的土地，好建起带有空调的房间，让设备处于适当的温度之中。湖滨中学就连一部可以与存放在别处的计算机主机连接的电传打字机也没有，于是湖滨中学就和其他许多机构达成协议，以分时享用的方式来使用一台主机。

虽然这个系统的运算能力还处于初级阶段，但上机的经历立刻激发了盖茨的想象力。他和其他几个学生成立了湖滨程序设计员俱乐部，不久盖茨就写出了第一组原始代码——一个管理“井字游戏”的程序。虽然在俱乐部成员中他的年纪最小，但没有谁能够在他面前搞论资排辈，因为他是最杰出的成员之一。他常常霸住电传打字机不撒手，结果引发众人的不满，最后导致他被赶出了团队。不过，当其他人意识到谁都没有他那样的技术专长时，很快又把他请了回来。他同意重返团队，但一切都得按他的旨意办。这就是典型的“盖茨方式”。不错，他回到了俱乐部，却比被扫地出门时的那个盖茨更加霸道了。

然而，还有相当棘手的经济问题，就是学生上机一小时要花 8 美元。即使放在今天，这个上网费也不能算便宜，何况是在 20 世纪 60 年代末，对一个学生来说，这简直就是一笔极其奢侈的巨款。有一段时间，俱乐部收到了一个父母团体的捐助。但是好景不长，没过多久，资金来源就难以为继。此时，比尔的父母手头拮据，供养他就读名校已是勉为其难，不再有余力为爱子的新嗜好提供财力支持。所以，盖茨立马干了一件他终其一生都在做的事情——发挥他的创造力去解燃眉之急。他需要钱，所以他要找一份工作。

真是天无绝人之路，他练就的一身技能使他谋得了一个职位，使他有钱继续磨练他的计算机技能。有一家名叫“计算机中心公司”的公司（亦称 C-Cubed）新近在西雅图建立分公司，盖茨和湖滨的同学与他们达成了一项创新的协议。学生要找出 C-Cubed 新程序中的错误，而作为回报，他们可以获准免费上机。显然，这项“肥差”必须在下班后进行，于是盖茨和他的伙伴们选择在夜晚或者周末进行计算机训练。当他在C-Cubed工作的时候，他发现有一家公司正在做哥伦比亚流域电力需求项目。他对该项目很感兴趣，便前去求职。公司不知道当时盖茨仅仅是个9年级的学生，便约他面谈，盖茨就这样轻而易举地得到了在波特兰（奥勒冈州最大城市）的宝贵实习工作。在那里，盖茨认识了一位叫约翰·诺顿的高级程序师，诺顿给他留下了不可磨灭的印象，尤其是那种鼓励年轻人不断进取的方式，尽管盖茨几乎不需要鼓励。

盖茨15岁的时候，已经取得了长足的进步，远远超过玩“井字游戏”的水平。他与一位比他大两岁的俱乐部成员保罗·艾伦通力合作，开始一种事业合作关系，这一关系见证了他俩同步迈入世界富人排行榜顶层的历程。但他们起步卑微。他们的第一个项目是编写一个程序，收集西雅图原始的交通数据，将其变成可供交通工程师使用的报告。他们把这个程序称为Tra-O-Data，最后从中赚到大约2万美金。更重要的是，他们获得了非常宝贵的经验，并且意识到他们以一个团队合作，工作会更加出色。

在他们研发Tra-O-Data的时候，盖茨与艾伦招募了第三名伙伴——保罗·吉尔伯特，大家一起攻关，研制操作这个程序的硬件。这是一项复杂的工作，实际上使两人确信，软件才是他们前进的方向。不久之后，盖茨研发了另外一个程序，可让湖滨中学的教师员工排课自动化。作为回报，学校所使用的大型机对他开放了更多的使用权。盖茨让他的一技之长为自己效劳，他懂得珍惜每一次不断提升的机会，以此作为对自己的奖励。

也许盖茨在哈佛大学的寝室里反复思考过他的人生之路。我们揣测他有许多选择，譬如，他曾考虑过听从父亲的意见跻身法律界，或者是当一名科学家。但是很难想象，他对于究竟走哪一条路真的存在很多疑惑。

微型计算机时代的诞生

> 绝不要相信你不能扔出窗外的电脑。
>
> ——史蒂夫·沃兹尼亚克

在20世纪60年代后期，现代计算几乎是无一例外地必须通过大型计算机来完成——那个硕大无比的机器，由政府或企业用来大规模地处理数据。当年，除了一些在空房子里捣鼓电路板的发烧友之外，平民百姓对于拥有个人电脑的想法不过是一个遥远的梦。

然而，到了70年代初期，新的远景开始初现端倪，其中大部分原因要归功于微处理器的快速发展。大约就在这一时期，硅谷——即加州的圣克拉拉谷——终于举世闻名。随着越来越多的高科技公司（很多与斯坦福大学有联系）被吸引到这一地区，硅谷开始蓬勃发展。像施乐帕克研究和发展中心之类的机构，将在未来数十年对技术行业产生深远的影响，尤其是通过对微软公司的盖茨和苹果公司的史蒂夫·乔布斯产生影响而影响深远。

1975年是个人电脑发展史上具有真正里程碑意义的一年。这一年，有一家名叫"微型仪器和遥测系统"的公司（简称MITS）发布了"天牛星8800"（Altair 8800），它是在1972年发布的"英特尔8080"基础上改进的产品，是一台发烧友可以自行组装的微型计算机；不仅如此，其439美元的零售价格也刚好是人们支付得起的（虽然当你加上其他必要设备，价格很快就会涨上来）。

事实上，"天牛星8800"的长相跟我们现在熟悉的个人电脑相差甚远。它没有显示器和键盘，只有一个小得可怜的64K的储存器。这完全不是你可以放电影或者玩《盗侠飞车》的机器。然而，它的发明将对个人电脑革命功不可没。这台电脑不但直接导致微软的创立，而且也激发了另外一个技术极客，一个名叫史蒂夫·沃兹尼亚克的人，创造了他自己的机器："苹果一号"（Apple I）。

一场永无止境的世界巨变即将来临。

Embrace Your Inner Geek

拥抱你内心的极客

如果做一个书呆子，意味着你可以一连好几个小时陶醉在对计算机的探索中，直至深夜，那么这个描述适合我，我并不觉得有任何贬义。但是，这里有一个真正的考验：我从来不用口袋保护袋，所以我不可能是真正的书呆子，不是吗？

——比尔·盖茨在《纽约时报》上说，1996年

有几张盖茨大学时代和微软早期的照片，他看上去简直是极客族的代言人：一副小身形穿着一件松松垮垮的羊毛衫，戴着一副运动猫头鹰眼镜，一头像拖把似的乱发。如果他有意为之，班上再也没有谁比他更像书呆子了。如果这些还不够，他童年对乐器的选择也排在“不酷”范围的前列。盖茨不玩吉他和萨克斯，他吹长号。

甚至当他成为这个星球上最富有的人之一的时候，他对时尚的表现依然是既无热情又无天资。正如1994年他对《花花公子》解释的那样：

在我一生中有那么一段时间，我母亲不厌其烦地给我解释什么颜色的衬衣配什么样的领带……我认为一旦涉及时尚，人们总是听从母亲的忠告。时尚这个领域我不敢说比她懂得更多……说句实话，我都不怎么看我每天所穿衣服的颜色。所以，如果我对什么衬衣配什么领带懂得多一点，能够以此取悦于其他人，那就太好了……我想我现在对如何穿着略知一二，但还是低于一般的审美水平。

然而，如果年轻的盖茨像“极客”的代表，那么事实又不太像那么回事。他从来没当过学校的运动狂，但他是个称职的运动员，正像我们看到的那样，他喜欢激烈竞争。他的确花费了很多时间在电脑前敲打键盘，但是他的兴趣又不止于此。然而，不可否认的是，他还有一些几乎不为人知的轶事趣闻。

他的公众形象得到进一步增强，据说是由于他有前俯后仰摇晃身体的习惯，尤其是在开会期间。究其原因，这是缘于孩提时代的盖茨有一匹玩具木马，他喜欢骑在马上度过宝贵的时光，并一边思考这个世界。后来他日渐长大了，没法骑马了，但是这种运动姿态继续伴随他进入成年。

小男孩盖茨还因为特别喜欢跳跃而出名。他喜欢把自己塞进箱子里，然后一跃而起跳出来，每一次都尽量蹦得远一点，并且不断地磨练超越落地点的跳跃技巧。而我们大多数人都会把这个游戏抛在脑后，将这种努力视为幼稚的小儿科玩意儿。

不在评定量表之内？

多年来人们有一种猜测，盖茨所展现出的品格是否跟他的自闭症有关。这是没有任何事实根据的坊间说法，但是这一传闻搞得我们很多人寝食不安，担心我们性格的许多方面会导致某种程度的自闭症。然而，1994 年《时代周刊》刊登了一篇特写，文章把他性格与行为的各种因素与自闭症特点做了对比。文章特别凸显他解决问题的高度逻辑性（不用说，一个电脑编程员肯定热爱次序，尽管盖茨也因杂乱无章的桌面同样出名）、抽象思维的能力、避免目光接触的倾向（至少当时有一点）以及感情突然爆发的盛名。但是这种远距离的诊断是极其困难的，并有潜在的危险性。尽管如此，该文给人一种盖茨“与众不同”的长期印象。

他在 1994 年告诉《纽约客》杂志：“我不会像以前那样，在公司早年……甚或在开会的时候，不由自主地跳起来。”尽管盖茨一再声称，现在他很少再跳了，但是，他曾经在一次微软的圣诞派对上接受了餐桌跳高的挑战。此事千真万确，他那个未来的妻子——梅琳达·弗兰奇当时也在现场，并且亲自上演激将法，在桌面上摆好点燃的蜡烛以增加危险系数。

或许真相是，诸如此类的努力折射出盖茨对日常生活多么容易厌烦。举例来说，盖茨是个左撇子（有些研究说这是一项特质，象征创造力和革新的天赋），当学生时，如果他发现自己在上课当中不能专心听讲，他就会改用右手做笔记，把这当成一个小小的挑战。

纵观历史，他也曾把自己看作一个局外人，即使他很少在社交场合显露出缺乏信心。在他早期的计算机岁月中，他受雇去发现程序中的错误，那时他把自己更多地看成是一个黑客而不是编码员——也就是说，他把自己看成一个不法分子。1996 年他在《纽约时报》上写道：“我十几岁的时候，把电脑搞崩溃是家常便饭。这是一种学习的方法。”的确如此，在他的那个年龄阶段，他被发现侵入了一个受保护的商业程序，在有关当局和父母双重制裁的压力下，他把计算机戒掉了好几个月。

他在哈佛大学读书期间，众叛亲离的感觉越来越强烈。2007年，他在哈佛大学一次毕业典礼上致辞，解释说："我终于成了反社会团体的领袖。我们彼此聚集在一起，以此来表示我们对所有社会成员的拒绝。"像许多其他人一样，盖茨已经意识到，如果你不能加入他们，就建立自己的帮派并且做帮主。如果他要坐在电脑前，或是从箱子里跳出来，或是前俯后仰地摇晃，那么他就可以随心所欲。

在最近一段时间，他的形象经历了一次修复。多少年来，他被人用漫画描绘成公司叭儿狗、超级宅男，与史蒂夫·乔布斯稀奇古怪的酷肖像形成鲜明对比。乔布斯可是小心翼翼地把自己定位成了个性和"不同凡'想'"哲学的冠军。但是，随着盖茨从微软的日常管理中抽身放手，他脱胎换骨，成为当今最重要的慈善家，结果全世界对盖茨刮目相看，要对他进行重新评价。他不再是这个星球上最有名的技术男，不再是1996年著名纪录片《书呆子的胜利》中的那个重要人物，他转而被视为一位与疾病、不公、不平等抗争的英勇斗士。如果你喜欢，他就是一位超级英雄。这一点都不令人讨厌。但是即使令人讨厌，盖茨也不会介意。2011年，他对《每日邮报》说：

> 嘿，如果当一名极客，意味着你愿意拿一本400页厚的关于疫苗的书来读，知道什么地方可以接种疫苗，什么地方缺乏疫苗，然后你停止工作去研究这个问题，你用这个问题去激励人们了解更多的真相，那么，我绝对是个极客。我承认我有罪。我乐意这样做。

Keep an Eye on the Big chance

抓住大好时机

让我们开一家公司。让我们干起来。

——保罗·艾伦对比尔·盖茨说,1975 年

在哈佛大学，无论盖茨对未来感到如何渺茫，当机遇一露头，他就一把紧紧抓住——他一生雷厉风行。在一个时兴风险评估的国度，人们面临机遇时过于谨慎而犹豫不决，盖茨则从小就表现出一种能够做出正确决策的良好直觉。

对盖茨而言，1975 年可谓万象更新，保罗·艾伦和“天牛星 8800”也发生了很大的改变。先是艾伦看到了《大众机械》杂志上的一篇文章，详细推介这款开天辟地的新机器。他立马与哈佛大学的盖茨联系，建议两人合作为其研发一种语言。实际上，“天牛星 8800”的原始状态就是一个盒子，装着时闪时灭的指示灯，但是艾伦坚信他们能够让它做更多的事情。按照盖茨多年之后的说法，艾伦恳求他合资办一家公司。他们为这个刚起步的企业取了好几个名字,“艾伦和盖茨”是一个选项,但是他们最终决定取名叫微软(Micro-soft),因为他们当时正期待给微型计算机设计软件。名称中的这个连字符几个月后就取消了。

在给理论上的公司起名和给它注入生命之间存在着巨大的差距,但是,盖茨与艾伦坚忍不拔和敢作敢为的秉性能把事情办成。他们也有担忧——害怕一场软件革命即将开始,他们会错过机会。现在是他们抓住这个历史机遇的时刻,如果坐失良机,可能时不再来。依照“不入虎穴,焉得虎子”的行为准则,盖茨用不寻常的方法尝试与MITS的创始人——埃德·罗伯茨沟通。

他告诉罗伯茨,他与艾伦为“牵牛星8800”发明了一个解释软件,允许机器操作以BASIC写成的程序。BASIC即初学者通用符号指令代码,是一种20世纪60年代中期以来流行使用的电脑语言。罗伯茨对此很感兴趣,安排六个星期后在新墨西哥州阿尔伯克基的公司办公室里举行展演。初战告捷!当然,盖茨与艾伦手中拿不出任何东西给MITS展示。但是,时势造英雄。

他们压力山大,最大的困难是他们没有接触过“牵牛星

8800”，而且他们也没有钱买一台机器。然而，他们确实很聪明。盖茨有机会使用哈佛艾肯计算机中心的大型计算机，他和艾伦利用从《大众机械》上获得的信息，仿制了一台“牵牛星 8800”。他们在 2 月和 3 月的大部分时间里努力攻关，像苦行僧似的劳碌，窝在盖茨的寝室里埋头苦干，终于写出了一个合适的软件。两人耗费了大量的精力，使它尽量整洁、简单和精巧。詹姆斯·华莱士和吉姆·埃里克森在 1992 年出版的《硬盘驱动器》一书中，引用了盖茨的话说：“这是我所写过的最好的一个程序。”

结果，艾伦被选中前往阿尔伯克基展示软件，甚至在去见 MITS 老板的途中，他还在继续改进软件，让其渐臻完美。罗伯茨对所见之物大感惊奇，印象特别深刻（却对其快速创作出来的背景一无所知）。他同意以 3000 美金外加版税买下这个程序包。它将在接下来的 6 年里成为行业标准程序。这使得盖茨的决心更加强烈，那就是微软应该永远提供行业标准软件。

作为他们成功的结果，艾伦被 MITS 招聘为公司的软件主管；盖茨暂别哈佛的学习生涯，作为一名承包商与艾伦汇合，来到阿尔伯克基。在他返回马萨诸塞州之后不久，他就决定视这一步妙棋为长远之计。所以，他就在1975年6月毅然从哈佛退学。他和艾伦参加了一次让微软志在必得的投标活动，这次投标使他们成为软件业的领袖，而软件业是一个当时尚不存在的行业。可是，他们能够感觉到正在兴起的科技之风的动向，个人电脑的时代正在临近，实际上还没有人（除了刚刚起步和充满希望的苹果公司）在生产带有自身软件的计算机。这就意味着有大量的制造商需要软件来运行他们的机器。史蒂夫·乔布斯简明扼要地总结了微软诞生时的剧情："比尔在很多人甚至不知软件公司为何物之前，就开办了一家软件公司。"

微软的合伙创始人一致同意盖茨任总裁，艾伦任副总裁。此外，因为艾伦从MITS领取了一份薪水，盖茨就劝说艾伦只拿40%的微软股份，他拿60%的股份。从一开始，盖茨就信奉这一观点：爱情、战争和经商是不择手段的。

与MITS的成功交易使他们大受鼓舞，微软很快就有了其他客户的订单。与此同时，盖茨不遗余力地驱使微软高歌猛进。他不仅要完成自己的编码工作，还要打理行政管理事务，并开始探索新的研发工作。1977年，微软与MITS的关系走到了尽头，微软不再有理由留在技术上相对闭塞的阿尔伯克基。盖茨和艾伦准备回家，于是在 1979 年，把公司迁到了西雅图的贝尔维尤。搬迁之初，他们只有 13 名员工。然而不过两年，从业人数增长了 10 倍。到了 1983 年，员工人数将近 500 人（在 2008 年，盖茨离开公司的全职岗位时，总人数飙升至 90000 人）。盖茨以前总是以能够知道每一位员工的姓名而感到骄傲，但是这样的好时光很快就结束了。微软成了超大型企业，此时的盖茨可以高枕无忧了，因为他已经信心满满地把机会抓牢在手中。

Find Your Comrades-in-Arms

寻找志同道合的人

我不是一个教育家，但我是一个学习者。我工作最满意的一件事，就是我被热爱学习的人包围了。

——引自比尔·盖茨《未来之路》一书，1995 年

虽然盖茨雄心勃勃，其个人资产富可敌国，但是他很早就认识到，如果他要实施一生中最伟大的梦想，他就需要寻觅志趣相投的人与之通力合作。所以，他一直保持着一个人际交往的小圈子，其中不乏一些亲密的挚友和盟友，他们的技术能助他一臂之力。无论一个编码员的技术如何娴熟，盖茨深知软件行业的发展瞬息万变，走势难测，一个人的乐队注定是要失败的。正如开篇盖茨语录所暗示的那样，一个可爱的团队需要全体成员都愿意相互学习。盖茨是有福之人，他自己有足够的自信，他不怕与那些有技术专长、在某些方面超过他的高人，还有那些敢于向他挑战的人一起共事。他的一位最具影响力的名叫内森·梅尔沃德的同事 1997 年对《时代周刊》说:“比尔不惧怕人才,只怕蠢才。”

下面介绍几位盖茨最重要的战友。先从艾伦开始吧,他鼎力相助,把微软建设成了世界上最成功的软件公司。

保罗·艾伦其人其事

盖茨与艾伦是湖滨中学的校友,他们一道攻克了 Traf-O-Data 项目,继而合伙创建了微软。在比尔与梅琳达喜结连理之前,人们常说的是比尔与保罗。艾伦之于盖茨,尤如桑德斯·基德之于布奇·卡西迪,或者更恰当地说,就像沃兹之于史蒂夫·乔布斯。

艾伦生于 1953 年 1 月 21 日,虽然比盖茨年长,但是比盖茨文静寡言,即使在学校的时候也是如此。他们的友谊根植于一个共同的信仰:计算机有力量改变世界。在他们开始交往后不久,艾伦注意到盖茨是“易受影响的……他愿意用奇怪的方式不失时机地跳一下开开心。我们两个非常合得来”。

即使在艾伦离开学校去华盛顿州立大学读书之后,他们两个依然保持着良好的关系。可是,艾伦没有毕业,而是在加盟 MITS 之前就跑到波士顿一家技术公司打工。1975 年两人合伙创建微软之后，艾伦一直待在微软，见证了公司的早期发展阶段，直到 1983 年，他被诊断出患有霍奇金氏病后，这才选择了离开。当时，微软已经到达了巅峰，成为世界上最大的软件公司。

盖茨、艾伦和衷共济，工作极为出色，因为他们处于互补平衡的状态。两者均为能力超强的程序员，但是在早期，盖茨集中注意力开拓公司业务，艾伦则确保技术方面紧跟形势不落伍。盖茨是这样总结的："我冲劲十足而且疯狂竞争……每天都在跑业务，而保罗则确保我们处于研究和开发的前沿。"

如果艾伦对于盖茨是一种最理想的平衡力，那么这并不意味着他们的友谊就没有磕磕碰碰了。他们两个都坦率地承认这一事实。譬如，艾伦很快就知道了不要与盖茨下棋，因为盖茨是个输不起的人，一旦艾伦不留情面地胜了他，他就会一怒之下把棋盘掀了。艾伦 2012 年出版了自传《谋士》，进一步解释了他们有时候激烈争吵的关系。盖茨发现自己的记忆与艾伦对某些事件的看法并不相同，书中把他描写得颇不招人喜欢。

值得注意的是,艾伦暗示,在他患病期间,盖茨迫不及待地要降低他合伙人的股份,这导致艾伦终止了他在微软的全职工作。甚至连《谋士》这个书名也暗示艾伦感觉他对两人的合作付出了很多心血,而这不为大众所知晓。尽管发生过勃然大怒和相互指责这样剑拔弩张的事情,但不可否认,两人依然是一个成功的团队。1997 年,盖茨对《时代周刊》说:"我们是真正的搭档。我们每天交谈好几个小时……我们今天还是亲密的朋友,我确信我们永远都是这样的朋友。"

> 在过去 14 年中,我们俩有过无数分歧。然而,我怀疑任何其他搭档能有我们这么多的共同之处。
>
> ——摘自盖茨给艾伦的一封信(该信写于 1983 年艾伦离开公司之时)

就在微软 1986 年上市后不久,艾伦成为亿万富翁;截至 2014 年 12 月,他个人净资产估值高达 171 亿美元。可是,他跟盖茨一样,很少轻轻松松地坐下来好好休息一下。1986 年,他创立瓦尔肯有限股份公司,接纳了许多不同的企业。譬如,他是西雅图海鹰美国橄榄球队(该球队在他的领导下成为美国橄榄球超级杯大赛的冠军)、波特兰开拓者篮球队和西雅图海湾者足球队的老板。同时,他建立了艾伦大脑科学与人工智能研究院,给一个民间太空探索项目投资数百万元,而且也是史蒂文·斯皮尔伯格梦工厂的早期赞助人之一。

艾伦酷爱音乐(有时在 The Underthinkers 乐队任摇滚吉他手),他利用关系与英国的保罗·麦卡特尼、米克·贾格尔以及爱尔兰的波诺等大腕音乐家同台即兴演出。艾伦买下了一些极其昂贵的流行音乐纪念品,包括西雅图的著名摇滚吉他手吉米·亨德里克斯的白色电吉他,吉米生前就是拿着这把吉他在传奇般的伍德斯托克摇滚音乐节上演奏。艾伦创建了音乐体验馆(现在更名为音乐体验博物馆),由号称建筑界毕加索的弗兰克·盖里设计,馆藏大量的流行文化手工制品。在这座奇特的建筑里,游客可以化身为歌手,录制自己的歌曲,制作海报和 CD,作为纪念。他还修建了一座私人艺术收藏馆,藏品中包含有被专家认为是美洲大陆最重要的大师们的作品。

艾伦还有游艇,至少有三艘超级豪华游艇,包括 126 米长的"章鱼号",那是在 2003 年耗资两亿美元买的,被认为是当时世界上最大的游艇,光船员就有五六十人。船上有电影院、专业录音棚、篮球场、游泳池，甚至还有他私人专用的八人潜水艇。总而言之，与盖茨共事也许颇具挑战性，但是其回报也是有目共睹的。

史蒂夫·鲍尔默的微软生涯

盖茨第一次遇见鲍尔默是在哈佛，在那里两人成为忠实的朋友。鲍尔默 1980 年作为业务经理加盟微软，在 1998 年成为公司董事长之前已经领导过好几个部门，然后在 2000 年接替盖茨成为执行总裁。这个职位他一直担任到 2014 年，当时他的个人净资产估值为 220 亿美元左右。

鲍尔默是底特律的本地人，年龄比盖茨小几个月。他们初次见面时，鲍尔默主修应用数学。两人都渴望进一步提高商业知识，所以就注册学习一个研究生经济学课程。虽然很多内容他们都听不懂，但是足以证明一点，那就是他们喜欢了解商业的实质性要点。除此之外，鲍尔默担任大学橄榄球队的经理，还要给《哈佛深红报》（哈佛大学校报）以及另外一本文学杂志撰稿。与盖茨和艾伦不同的是，鲍尔默确实以优等成绩大学毕业。但是在斯坦福大学商学院深造时，他打了退堂鼓。

到了1980年，微软的成长如此之快，盖茨感觉到迫切需要有一个业务经理来辅佐他的工作。思来想去，没有任何一个候选人能够胜过他的老校友鲍尔默。鲍尔默是公司第24个受雇签约的员工。不久，作为盖茨的政策执行者和传声筒，他在微软公司内部已经获得了名声。如果盖茨要脾气威胁某位员工，鲍尔默会采取完全一样的坚决姿态。虽然他缺乏公司两位创始人的技术水平，但是对于公司，他是一个充满激情的拥护者，并且愿意证明他有把公司推向新的商业高度的关键能力。

他将成为几个部门的领导——包括营运部门、操作系统研发部门、销售和支持部门——他的足迹遍及美国和欧洲市场。盖茨移交权力的时候终于到了，鲍尔默成了他亲手挑选的接替者。

鲍尔默具有所有卓越企业家的敢于冒险的气质，他把微软的成功大部分归因于管理部门愿意“大胆押注”。然而，由于他主张这一策略，导致了他执行总裁的职位走向终结。在一系列收购没有收到预期的回报之后，鲍尔默发现自己在数十亿美元收购诺基亚手机公司的提案上面临董事会的分裂。

虽然通过了收购方案，但是 2013 年 8 月公司宣布，鲍尔默将从执行总裁一职下台。外界也传说(虽然未经证实)，鲍尔默与盖茨之间的关系在他担任执行总裁之后趋于紧张，两人形同陌路，连话都不讲。如果真的如此，实为憾事，因为当年移交权力之前，盖茨曾对《福布斯》说过："史蒂夫是我最好的朋友。"

尽管如此，鲍尔默证实了自己在离开微软之后是柳暗花明又一村，就在他被迫放弃微软职务之后几个月，他成了洛杉矶快船队(NBA 中的一支球队)的老板，并为该队支付了 20 亿美元的巨款。此举是为了备战一场引人入胜的体育比赛，该球队要与波特兰开拓者篮球队一决雌雄。

查尔斯・西蒙尼、内森・梅尔沃德以及西和彦

如果艾伦与鲍尔默是微软公司盖茨身边最突出的人物，那么还有许多其他的人也为公司的技术和商业扩张做出了贡献。实际上，这里只能挂一漏万。然而，下面三个人物要我们稍微费些笔墨，每一个都特别值得一提。

查尔斯・西蒙尼是一名软件设计师，出生于匈牙利，

1968 年移民美国时才 20 岁。他在颇有传奇色彩的施乐帕克研究中心工作了一阵子，与受人敬重的罗伯特·梅特卡夫共事了一段时间。他们一起研发了施乐奥拓，这是一款早期的个人电脑。西蒙尼于 1977 年在斯坦福大学获得计算机科学博士学位，4 年后遇见盖茨。盖茨建议西蒙尼领导一个新的应用软件开发部门。在这个职位上，西蒙尼监管 Word、Excel 和其他办公室应用软件的研发，这些软件为微软长期的财运奠定了基础。2002 年他离开微软，与人合伙创建了自己的公司——国际软件公司。他也发现自己因为与企业家和名人玛莎·斯图沃特长达 15 年的关系而成为公众关注的焦点。他富甲一方，个人财富估计有八位数，所以有能力尽情潇洒，享受遨游太空的爱好，两度踏上飞往国际空间站的茫茫之旅。他也从事大量的慈善活动。

像盖茨和艾伦一样，内森·梅尔沃德是西雅图之子。他生于 1959 年，先后就读于加州大学洛杉矶分校和普林斯顿大学，获得理论和数学物理学博士学位。之后他成立了一家技术公司，1986 年被微软以 150 万美元的价格收购。然后，梅尔沃德开始效力微软，长达 13 年，成为微软的首席技术官，并于 1991 年创立微软研究机构。很多在 20 世纪 80 年代和

90 年代驱使微软跃升至世界领先地位的发明创新都由他亲自把关。他的后微软生活包括成立知识产权风险投资公司(一家专门从事专利管理的公司),荣获世界烧烤冠军,写了一本关于应用科技方法来烹饪食物的书:《现代烹饪》。2010 年其个人资产价值达 6.5 亿美元。

西和彦,1956 年出生于日本神户市,1977 年创办 ASCII 公司,出版了一份大众电脑杂志,在软件研发方面非常活跃。西和彦是一位工科学生,身材微胖,1978 年与盖茨联袂合作,当时两人不过 22 岁的光景。西和彦通常被叫做凯,他成了微软在远东地区的代理人,负责与日本电气股份有限公司的合作,使盖茨得以在该地区有一个立足点。在微软与国际商用机器公司(IBM)的合作讨论中,西和彦起了关键作用。盖茨曾经回忆说:"那天晚上,凯是第一个站起来的伙计,并且说:'必须这么做!必须这么做!'凯这个家伙相当自负,当他相信某件事情,他就会对此深信不疑。他站起来,做出他的解释,我们就说:'同意!'"

可是到 1986 年的时候,西和彦和盖茨之间的关系开始瓦解,大部分原因归结于前者的反复无常。其捉摸不透的习性表现在开会时呼呼大睡(盖茨对此无法容忍,我们将会看到这一点），在门外台阶上拉住高级主管谈话，无视盖茨的金融指令。随着微软股票在股市上出现波动，盖茨要求重新调整他们的合作关系，把西和彦调入公司做全职工作，但是西和彦拒不答应。结果一番唇枪舌剑之后，两人分道扬镳。“那个家伙的生活杂乱无章，”盖茨当时对《华尔街日报》说，“他的身价为负 50 万，我的身价是正 X 百万——这无疑是痛苦的起因。”

Employ the Best

只雇用一流人才

我们痴迷于雇用脑瓜聪明的人，所以你最好学会适应与其他聪明的人一道工作……

——比尔·盖茨，1998年

就像盖茨努力使用志同道合的人来充实他的内部圈子，为团队做出各自的贡献一样，他本着吸纳有共同事业的人才原则来建设微软。正如他1998年在圣何塞州立大学的一次主题演讲中所言："我们喜欢对产品、技术抱有热情的人，喜欢真的相信自己能够创造奇迹的人。"

凡是为微软工作的人（其绰号五花八门，像微软佬、微软奴，还有一种通用的叫法，叫螺旋桨脑壳），都知道他们要通过考验和筛选。比如，每周工作80个小时，对很多雇员来说司空见惯。丹尼尔·伊克比亚和苏珊·克耐普在他们1992年出版的《微软的崛起》这本书里引用了盖茨的原话："如果你不喜欢努力工作，不喜欢充满热情、全力以赴，微软就不是你工作的地方。”

对员工的要求反映了盖茨持之以恒的理念，那就是，微软必须永远制造优质产品。“微软就是为设计绝妙软件而生的。”《福布斯》1997年报道他说的话，“我们不是设计出来擅长做其他事情的。”所以微软不会向懒惰者提供就业——这么说一点儿也不为过。但是，凡是做出业绩的人，其回报相当丰厚。微软员工不仅有可能获得相当可观的金钱报酬（虽然新员工不要指望很快致富），而且还有建言献策、真正施展才华的机会。盖茨在他1999年出版的《未来时速》一书中阐述道：“在我公司任何部门任职的优秀人才应该有驱使创新的动力。”

在2003年，盖茨接受“史密森学会口述和视频历史”机构的采访，在采访中阐明了他对招聘的独特态度：

> 我们的招聘永远把焦点对准刚刚从学校毕业的人。我们有一些重要的雇员，像查尔斯·西蒙尼，他是带着工作经验来的。但是我们的大多数研发者，我们要求他们带着清晰的头脑来，不要被什么其他的方法污染了，以便学习我们喜欢研发软件

的方式，然后把我们认为重要的能量注入其中。

在很多方法中，盖茨总是寻求复制给公司带来早期成功的方案：一支充满了正能量的员工队伍，年轻有为，精神焕发，甘于奉献，目光敏锐，紧紧盯着最新技术的潜在可能性。当然，如果你的工作开始落后于人，那就是坏消息。虽然根据行业标准，微软员工留用人数的统计数字相当傲人，但是，坊间长期谣传的是每年有5%的程序设计员因为绩效低下而被淘汰。盖茨1996年在《纽约时报》上写道（字里行间充满了一种威胁的暗示）："奖励机制的反面就是确保那些在工作中乏善可陈的雇员得到处理或重新安置。"

懦夫才睡觉

> 我们甚至不按24小时的昼夜来作息；我们会一进门就开始编程，一鼓作气地干上好几天。
>
> ——引自比尔·盖茨《书呆子的胜利》一书，1996年

作为一名微软佬，虽然步入公司的生活不是很轻松，但也应该注意到，盖茨并不希望很多员工比他以前的工作状态还要拼命。他总是有一个不同凡响的——甚至是拼命三郎的——工作标准，习惯性地努力干活直到的确要停工为止。早期的微软充满了传奇般的马拉松编码时光，经常看到困倦的微软佬们啃着披萨饼充饥，并经常被在新墨西哥高速公路上飞驰而过的汽车的轰鸣声惊醒。盖茨接着上面的话说道，“那个时候我们四五个人，是我们和朋友们——那都是些快乐的时光。”资深员工在与客户会见时打瞌睡的事广为人知，这个现象说明他们在产品研发上耗尽了心血。同时，在内部会议上，盖茨喜欢斜靠在地板上开集体攻关的献策会，这个习惯总是让他不知不觉地睡着了。

在盖茨看来，睡觉本质上是懦弱者的事。1997 年他给《纽约时报》撰文说，他嫉妒那些能够一夜只睡三四个钟头就可以生存的人，说明他们“有如此多的时间来工作、学习和娱乐”。他对休息的态度是：虽然医学界使我们确信，睡眠对于我们的生理、心理以及情感的健康和发展非常重要，但盖茨认为睡眠时间可以被用来从事更有意义的事情。毕竟这里有条汉子，据报道，他在 1978 年到 1984 年之间，只享受了 15

天的假期。

然而，在20世纪八九十年代那场意在给雇员提供职场休闲机会的运动中，微软还是走在前列。一个工人要是能够偶尔摆脱束缚，放松一下，重返工作时会充满活力、更加积极和表现卓越。基于这一原则，盖茨在雷德蒙德（离西雅图不远）创建了一个总办事处，它因类似于大学校园的氛围而出名。在那里，举例来说，有大量的现场运动设施，包括足球场、篮球场和跑道，还有与之配套的饮食服务，供餐时间远远超过一般的工厂食堂。很多年以来，公司也组织一年一度的夏季小型运动会（使人想起盖茨童年度假时在胡德运河边上的迷你奥林匹克运动会），不过这是企业员工人数还没有膨胀之前的事情。

“雷德蒙德校园”完全不像我们职业生涯中的办公室。尽管如此，可千万别因为你看到身穿便服的职员刚刚打完球，就以为这是一个你可以长时间放松的地方！

Dare to Dream

敢于梦想

我们的口号从一开始就是："每张书桌有电脑，每个家庭有电脑。"

——比尔·盖茨，1997年

2008年，盖茨对《个人电脑杂志》说：“小时候，我真的有很多的梦想。”20世纪70年代，当他着手在未知的领域披荆斩棘，开拓了称为软件的行业时，他那种在任何时候都不让想象受到限制的个性证明极有价值。盖茨绝不让对未知世界的恐惧阻遏他创新的脚步或者抑制他的想象力。或许一点儿也没错，创业初期盖茨和艾伦曾经考虑过一个建议，为他们的公司起名为“无限有限公司”。

虽然可能是苹果公司创造了“不同凡‘想’”这句名言，它同样也是盖茨在微软所信奉的一种人生哲学。“我们的商业策略从一开始就与我们创业之初业已存在的所有电脑公司截然不同。”1998年盖茨告诉圣何塞州立大学的听众，“我们决定集中精力专攻高容量软件,不建硬件系统,不做芯片,就只一条心搞软件……”在这个软件开发者多如牛毛的时代,这听起来有点儿不可思议,这样的做法需要极大的勇气,但是盖茨没有丝毫退缩。

虽然他在经商之道中讲究务实,在商言商,有时甚至不讲情面,但是他没有参与纯粹是为了快速赚钱的游戏。与大多数真正杰出的企业家一样,他总是脚踏实地着眼于长期的战略。2008年在《个人电脑杂志》的采访中,他继续说道,“我们微软的视野比其他人更长远。”此外,尽管他是与生俱来的商业奇才,但是他首先把自己看作一个科学家和创新者。譬如,1994年他在《花花公子》杂志的采访中说:“兴许我只拿10%的精力去考虑如何做生意,经商没有那么复杂。我不愿意把买卖这一字眼放在我的商务名片上,我是一位科学家。”两年后,兰达尔・斯特罗斯在《微软的方式》一书中引用了他的话:“……未来才是重要的,这就是我为什么不愿意老是回首往事的原因。”

正是他的坚定决心加远见卓识(当然也有艾伦的加盟),见证了微软在20世纪70年代晚期和80年代早期在软件这个新兴行业建起了立足点。这两人很快建立了一个由9名核心雇员组成的团队，而且在1980年之前，公司就有了一个32人的队伍。与MITS、康懋达和苹果这样的公司打交道，确保了雇员有大量的工作要忙碌。那时，盖茨与当时公认的计算机行业巨头IBM公司做了影响一生的交易。当年，IBM有超过30万的员工，与微软的员工人数比是10000：1。这是一次大卫对歌利亚似的商业交战（歌利亚是《圣经》里所向披靡的巨人，结果被牧童大卫用弹弓击中脑袋，并被割下首级），但是盖茨有远见卓识，开出的条件使微软最终在市场价值上超过IBM很多倍。

1983年，《时代周刊》杂志打破了为某一“年度人物”扬名立万的传统，封面竟选择电脑为“年度机器”。盖茨、乔布斯都高度认同革新的理念，当时正干得风生水起。一年之后，凭借自身的力量，盖茨第一次登上了《时代周刊》的封面。之后不过两年，微软上市，推动着盖茨朝成为世界上最年轻的亿万富翁这个方向发展。这是一次令人惊奇的崛起，从一个备受人们关注的哈佛辍学生到全球偶像，不过十年多一点儿的光阴。不过这似乎没有超出盖茨在1975年对自己的期许，当初他与艾伦所讨论的他们的未来之梦，可以概括为本节开头的那句引语：“每张书桌有电脑，每个家庭有电脑。”微软居然把貌似科幻的东西迅速地变成了现实。

盖茨依然志存高远。1985年的图形视窗操作系统(早期的外观不是尽善尽美),还有办公室应用软件包(包括处理文字的Word和电子制表软件Excel)的推广,见证公司取得了一个又一个成功。在20世纪90年代中期之前,微软已经获得了在软件市场称霸世界的地位("称霸"这个字眼是经过认真考虑的)。接着,虽然有点迟,微软乘着因特网破浪前进。这样的成功允许他们有更多的梦想。"我们现在犯得起错误,但我们犯不起不尝试的错误。"1995年布伦特·施兰德在《财富》杂志上引用盖茨的话说,"……现在微软的一切都与大视野有关。但是,嘿,我们能够解决大视野的问题。人们期待我们去解决大视野的问题。我们喜爱大视野。"两年后,兰达尔·斯特罗斯在同一出版物中报道了盖茨对未来的愿景:"计算机的未来就是电脑能说,能听,能看,能学。"

最近几年,盖茨已经把相同高度的视野带入了他的慈善活动,以应对我们星球面临的最大挑战。他着手通过开发再生能源来与气候变化作斗争。2011年《连线》杂志对此做了这样的报道:"如果你要展露聪明,家中的设施就够用了。在你家屋顶上安装太阳能电池板,真的很酷。但是如果你真的对能源问题感兴趣，大规模的太阳能工厂就只能建在沙漠里。”这些话出自一个有大梦想的人。

微软的宏图大略

> 我是个探索者。当年我就说:“让我们回到真实的世界,设法卖些东西给它。”
>
> ——詹姆斯·华莱士在《硬盘驱动器》上引用比尔·盖茨的话,1992 年

1980 年,盖茨达成的交易把微软从软件行业的一个新兴玩家提升为一个全球超级公司。每年大约 250 万美元的营业额,很快就要增长到数十亿美元了。

就在世界计算机行业老大 IBM 决定涉足个人电脑市场的时候,机会来了。毫无疑问,IBM 在其传统的专业技术领域非常耀眼:它为各大公司和大型机构提供技术硬件。但是,软件完全是另一回事。在 20 世纪 80 年代之前,这个公司像巨人一样,拼了老命去保持快捷与灵活——可恰恰是年轻的

微软得天独厚,具备这两个特点。

在硅谷有一个公开的秘密，那就是IBM竭尽全力要为个人电脑制作一套令人满意的操作系统。盖茨和微软团队不可避免地进入了他们的侦查视野,IBM的管理层决定与其交涉，寻求私下解决的方法。虽然盖茨当时还只是二十四五岁的年龄,但是他们把他视为行业中的未来之星,一个脱颖而出的领军人物，在他年轻的肩膀上有着一颗老练的商业头脑。

据说当年盖茨与IBM团队的第一次见面颇有戏剧性,对方一律西装革履,全部正装在场静候,他则完全不修边幅,穿一条宽松的运动长裤和一件全棉针织衫。在场的每一个人都感到相当尴尬,致使他们第二次会面时,盖茨打破传统,穿上衬衫,打上领带,然而令人错愕的是,对方却因为选择尊重盖茨的风格而身穿便装登场！尽管他们的穿着风格如此迥异,盖茨尽量给他们提供了有用的忠告。首先他建议IBM去找微软的一个固定的商业伙伴,叫数码研究有限公司,因为微软当时还没有自己的操作系统可向IBM提供。

数码研究有限公司很不幸,因为多次谈判均告失败。但是对于盖茨和他的团队来说,却未必是坏事,IBM的主管回过头来向盖茨求助。他同意为他们研发一个操作系统。跟早些年与MITS的那笔交易如出一辙,盖茨先承诺他还没有的东西,采取一个相当实用的策略,以便在讨价还价时获得优势。

他跟西雅图的一个叫做蒂姆·帕特森的程序设计员取得联系,此人新近发明了名叫Q-DOS的新颖的操作系统。盖茨一次性付款买下该产品的产权。估价多少众说纷纭,但人们普遍认为是5万美元左右,这想必是盖茨花出去的钱中最合算的一笔(现在看来,那点钱对他而言不过是九牛一毛)。微软立刻着手根据IBM的需要重新配置Q-DOS,之后以MS-DOS的品名揭牌。发布之后,IBM签约使用,并且以PC-DOS的品名销售。

盖茨知道IBM所承受的压力,如果他换一种性格,很可能会设法从他们身上摄取最大的直接经济利益。他没有这样做,而是采取了一种截然不同的方法,他相信通过获得操作系统市场的主导份额,就会得到真正的回报。所以,他与IBM达成协议,对方以较低价格和一次性预付费用,即可获得MS-DOS的使用权。不过,重要的是,微软保留该产品的版权。盖茨决定赌一把,认定很多公司将开始建造IBM样式的机器，当他们的机器出厂，他就有现成的操作系统解决方案卖给他们。这样做存在可预期的风险，但是其回报也丰厚喜人。

IBM 的个人电脑零售时，其软件可从三个软件之中选择，其中之一就是 PC-DOS。让 IBM 以微小的支出拥有 PC-DOS，这便成了用户最便宜的选择。这对于盖茨的长远计划非常重要，因为他知道，最终的成功依赖于首先成为 IBM 个人电脑软件包的选择。果然，它较低的价位使 PC-DOS 成为消费者的首选。考虑到它在计算机领域的影响力，并随着微软声名远播，IBM 不可避免地进行了大量的部件和销售的升级换代。PC-DOS 成了行业的标准。此外，正如盖茨所希望的那样，其他制造商(超过 100 多家)找上门来办理 MS-DOS 的销售许可证。与此同时，其他主要的硬件制造商，包括索尼公司(Sony)、日本电气股份(NEC)和松下电器股份有限公司(Matsushita)，请求微软给他们提供定制的系统。从金钱的角度来讲，微软公司在 1980 年到 1981 年之间，销售额翻了一番还多。此后不久，微软在迅速发展的全球软件行业中，毫无疑问地成为名扬四海的业内翘楚。

Innovate, Innovate, Innovate

创新，创新，再创新

我们告诉别人，如果无人嘲笑他们的某个点子，甚至一次也没有，他们很可能不具备足够的创新能力。

——比尔·盖茨在《纽约时报》上说，1996 年

2003年，比尔·盖茨对《新闻周刊》说：

> 突破是改变亿万民众行为的东西，如果你将其从他们身上拿走，他们会说："你不能从我这里拿走。"突破对我们至关重要。我们获得的所有回报均取之于突破，因为今天拥有我们软件的人可以永远使用下去，再也不用多付我们一分钱。

就是靠着这种坚定不移的决心，不断扩展技术的边界，第一个发布消费者所需要的产品，确保了微软连续40年来立于行业顶尖的位置。但是，尽管盖茨与常人一样，懂得创新的金钱激励,同时他也看到了更深刻的一面,正如2010年他对《麻省理工技术评论》讲的那样:"相信我,当一个人进入创业模式——狂热地不断发明新的东西,他们给世界增加的价值将不同凡响。"不管你是把微软看作一个公司或者其他什么东西,没有人可以否认它的产品已经改变了全世界工作(和娱乐)的方式。

长期以来,盖茨以执着的商人身份而著称,使人忽略了他是一个思想家。但是,那些密切关注他的人从来没有低估他在那个方向的力量。《福布斯》的出版人里奇·卡尔加德曾经说过:"理念和产品之间、昙花一现的事物与历久恒定的铸块之间以往的那种差别,如今逐渐消失。"盖茨在很多方面将此一变化人格化了。

他对计算机技术的革新有一种真正发自灵魂深处的热爱。1996年,《史密森》杂志问他,如有可能,他会选择重访历史上哪一个时刻?他说选择1947年在贝尔实验室晶体管的发明。他说:"这是在信息时代出现过程中一个关键性的过渡事件。"他也是一个真正害怕被对手超越的人。1994年,帕斯卡尔·扎卡里在其出版的《观止》一书中引用了盖茨说的话:"你总是不得不琢磨谁将把你吃掉。"英特尔公司主席安迪·格鲁夫暗示，类似的危机感普遍存在于硅谷的世界中。安迪深受盖茨崇敬，曾把自传定名为《只有偏执狂才能生存》。

盖茨知道一两次失策就会铸成大错，况且觊觎行业领航位置者不乏其人。1997 年他在加利福尼亚州的一次演讲中说："在一个快速发展的行业，凡是成功的公司都能够在大趋势面前勇立潮头，而且真的能给新的应用程序增加价值。"同一年，他告诉《商业周刊》："在微软，我们把眼光放得很长远，这就意味着我们要在研究和开发当中投入大量资金，帮助我们了解未来的方向，与此同时，在当今的产品研发中还要保持竞争态势。"微软前首席技术官内森·梅尔沃德，更是直言不讳："获得战略技术的唯一方法就是你自己动手干。"

不要躺在桂冠上睡大觉

盖茨用传说中施乐帕克研究中心的警世故事来激励自己，继续坚定地研发新产品。施乐帕克研究中心是由一家著名的印刷公司建立的，在 20 世纪 70 年代敢为人先，取得了一系列的技术突破，尤其是在个人电脑方面，但是因为不善经营，没有从中赢利，结果输给了苹果和微软这一类的公司。看到他们不幸遭此厄运，盖茨暗下决心千万不能重蹈覆辙。

所以，盖茨花费大量时间，不遗余力去创造有助于研究与开发的一种氛围。2003年，盖茨在接受“史密森口述和视频历史”机构的采访时说道：

> 每隔三年我们都要重新定义我们的工作，这很重要。任何原地踏步的公司将被很快淘汰，像这样的例子不胜枚举……我总是在想，我们搞产品研发的环境应该是一个令人愉快的环境，要像大学校园一样。

的确如此，微软有校园一样的氛围，而且在所有的产品研发当中，允许出现一定程度的失误。微软因此声誉鹊起。

他公开把微软描绘成艺术才华与工程设计的融合，一个需要时间进行发酵的混合物。正如他1996年对《广告时代》所说的那样：“人们必须有时间来考虑事情。”1997年，盖茨在坎布里奇圣约翰大学发表演讲时说：“研究之美有部分在于广招天下顶尖人才而没有截止日期。”当然，Windows的升级版本因为发布延迟，有时延迟一两年，搞得声名狼藉。但是，盖茨强烈地捍卫公司的权利，对没有做好上市准备的产品，一律不准发布。1994年，他对美国知名科技网站《信息世界》说：“如果你把质量奉为圭臬，那你对日期就总是会有某些不确定性……日期对任何产品都不是一成不变的东西。无需赘言，期限并不重要。”

他也喜欢传统的做法，组建小团队来集思广益。1996年，他告诉《金融时报》：“规模对追求卓越不利。即使我们是一家大公司，我们行为处事断不能像大公司一样，否则我们会死路一条。”最理想的是有一个不超过35人的团队来攻克某一项目，即使公司的扩张变得非常活跃，他依然坚持努力尝试这一模式。如果微软是一个大团队，他渴望小组织能在这个庞大的躯体内全力运转。“小团队能够有效沟通，不会受大机构掣肘而变得懈怠。”1995年《工业周刊》这样报道他的话。另外，他大力倡导一种将顾客的需要和渴望放在心里的研发方法，寻求巧妙简洁的解决方案。“变革的障碍不是关注不够，而是情况太复杂了。”2007年他在哈佛大学毕业典礼的演讲中如是说。

当然,微软实验室最大程度地避免了当年折磨施乐帕克研究中心的那种失望。在施乐帕克这样一个地方,各种好方法孕育成功,竞相绽放,结果却是被其他公司所利用。微软有一张产品名单足以傲人,上面都是划时代的产品,如 MS-DOS、Windows、Office、Internet Explorer 以及 Xbox。微软有令人钦佩的业绩记录,一路遥遥领先,所有成就都获得了利益。1995 年在《工业周刊》的一次采访中,乔治·坦尼耐克兹引用了盖茨的原话:“企业家的思维定式在微软不断地蓬勃发展,因为我们的主要目标之一就是重新打造我们自己——我们必须确保我们自己就是更新产品的人,而不是其他什么人。”

对你的想法进行压力测试

> 微软每做出一项重要的决策,都会有思想上的冲突。这是一个一直处于战争状态的公司,不仅要与对手斗,还要跟自己斗。
>
> ——帕斯卡尔·扎卡里在《观止》上说,1994 年

盖茨对待他的经商和世界观中的核心理念十分认真。当一个想法运应而生，他喜欢对其进行测试，拉伸到突破点。只有那些能经受考验的想法才可以被接受。他曾经说过，一位优秀的经理绝对不可以被迫回头重新做决定，因为他们已经做了功课，并且在第一回合就知道这是正确的决策。所以，一旦盖茨接受了一个想法，你可以肯定，他将会坚信不疑，并且为之奋斗。

然而，要达到如此境界谈何容易。盖茨经常把同事们满怀希望提出的建议批驳得体无完肤，一点儿也不顾及人家的感受。盖茨有一点很出名，他在许多会议上不是叫就是吼，随时都会飙出一些尖酸刻薄的挖苦话，从不害怕卷入冲突——当然，所有这些都是为了检验一个假设。他彻头彻尾地崇奉达尔文的学说，相信只有最强的想法才值得留下来，不被淘汰。

他有一句口头禅特别有名："那是我听到的最愚蠢的（此处只选粗话插入）想法。"即使那些最坚强和最有自信的人也注定会被这句伤人的话弄得心灰意冷。但是盖茨真的相信，这是检验一个想法的有效方法，而不是当众侮辱第一个提出想法的人。1994 年他对《花花公子》说：

> 我从来不批评人，我批评过许多想法。如果我认为什么东西在浪费时间或者不靠谱，我会立马指出，直言不讳。这是刻不容缓的。所以你会在一次会议期间听到我多次说这句话："那是我听到的最愚蠢的想法。"

很多人被盖茨骂得狗血淋头，至今还有不少人耿耿于怀，难以抚平内心的伤痛。但是，盖茨非常尊重敢于挑战他的人。有人指控他恃强凌弱，他也同样尊重敢于顶撞他和不畏权威的人。1990年，有个名叫克里斯·彼得斯的微软程序设计员拍了一个视频，他在视频中忠告同事："绝对不能跟盖茨玩猫腻，因为他懂的东西太多了。但是你应该立场坚定，而且你要跟他对吼……要说No！比尔尊重No。"

盖茨也愿意承认，有时候他把事情办砸了。内森·梅尔沃德定期与盖茨一道参加高端头脑风暴讨论会，对于老板多次放下身段承认错误的态度，他一直都有深刻印象。不过这只是盖茨的一种策略，他希望以此能让最好的想法脱颖而出。虽然这种策略并不总是十全十美，但不可否认，它一直都很奏效。

Gates and Intellectual Property

盖茨与知识产权

我们巨大的成功来自这样一种态度：拥抱任何受欢迎的事物，然后加以扩充发展……接纳现存的事物，使不同系统的共存变得容易。

——比尔·盖茨，1997 年

理念企业（尤其是像软件行业一样变动不居、快速发展的行业）提出了许多涉及知识产权法律的棘手难题。这是有可能发现盖茨方法中前后矛盾的一个领域，盖茨很大程度上依赖存在争议的知识产权。

根据世界知识产权组织给出的定义，知识产权是指“大脑的创造物，譬如发明，文学和艺术作品，设计，用于商业的符号、名字和肖像”。对于更加广阔的世界而言，知识产权就是所有通过专利法、版权法和商标法加以法律保护的东西，常常用商品上一个小符号来标记。但是，确切地证实知识产权究竟为何物还是一个相当诡秘的事情，其中牵涉到巨额的经济利益。结果，多年来比尔·盖茨和微软的法律团队成为光顾美国和海外法院的常客。他们卷入了数不尽的官司,成为盗用知识产权的被告,正如他们也指控别人侵权一样。

另一方面,盖茨初出茅庐时也曾合法地开发和延伸别人的创新成果。譬如,与 MITS 的交易就见证了他利用现存的 BASIC 语言来创造一项产品,然后为 IBM 修改一个现存的操作系统——这两种情况都合法。他一直坚称微软从来没有盗窃知识产权,而是乐意采用现存的成果并加以完善。

鲜有严肃的技术史学者质疑这样一个事实,即硅谷诞生于一个自由分享“点子”的环境,这个环境是一个让“点子”活跃的熔炉。在这种大气候下,必然就会有人觉得他们创造了一个全新的东西,却没有享受应该得到的奖赏。胜利者往往是那些巧妙利用新想法,并抢先把它推向市场的人。1991 年盖茨在微软内部备忘录里记了这样的话:“如果人们老早就懂得如何将今天大多数发明的新想法拿去申请专利,并获得专利权,那么今天的行业将会陷于停滞状态。”换句话说,如果研发者一开始就对专利斤斤计较,那就绝对没有让行业迅猛发展的思想交流。

然而,盖茨还有另外一面,那就是他强烈地保护知识产权。就在创业之初,他写了一封慷慨激昂的信,刊登在一家流行的业余爱好者杂志上，批评那些业余发烧友非法复制微软的软件。他争辩的理由很简单：研发者有权要求自己的劳动得到报酬。用他当时的话来讲："正如大部分业余爱好者都知道的那样，你们大多数人在盗用软件。硬件是必须付钱的，但软件却是可以分享的东西。谁来关心研发软件的人是否得到酬劳呢？"如果开发者的权利被否定，就没人认真开发了。一言以蔽之，人人皆输。

当然，微软已经加大气力支持专利，追查侵犯专利法的人。2004 年，史蒂夫 · 鲍尔默宣称，仅 Linux 操作系统就侵犯了 235 项微软专利。以此为发端，专利已经成为微软事业一个相当大的组成部分，每年产生数十亿美元的总收入，让整个部门忙个不停。与此同时，公司认为妥善地管理专利对于促进技术突破至关重要。

盖茨在其慈善活动中也采用相同的方法，他表明专利法在创造性地解决世界最大难题时发挥了重要作用。比如，为什么一个医药公司花费巨资去为治愈肆虐撒哈拉沙漠南部地区的疾病而研发一种新药，却不能指望它的投资得到一个合理的回报呢？

面对众多的批评家，这样的方法并非总是行之有效，尤其是考虑到有报道称他曾经评论说：“知识产权只有一根香蕉的保质期。”此外，有很多人愿意指控盖茨不关心别人的专利权。

像盖茨一样取得专利权

值得注意的是，微软获得第一份专利是在 1986 年，并且到 1990 年为止，已经有不少于 10 项专利被冠以微软的名字。

然而，在 1991 年内部传阅的备忘录里似乎已经标明了方法上的巨大变化。由于担心某些大公司会取得某些明显跟接口、面向对象、算法、应用程序扩展相关的东西或其他重要技术的专利权，来分享利润，盖茨的解决方法是尽可能与大公司开展专利交换，并且尽量多地取得专利权。

到 2009 年为止，微软已经创下 10000 项专利权，而且每年都会提出大约 2500 个新应用软件的申报。

譬如，1997 年《华尔街日报》援引丹尼尔·布莱克林评论与微软一道工作的话说：“与一头大象跳舞非常恐怖。他们看着你正在做什么,然后借走他们能够借走的东西。”丹尼尔·布莱克林是一位在 Trellix 公司供职的资深技术研发者。

毫无疑问,盖茨所打的最著名的专利官司,就是他与史蒂夫·乔布斯及苹果对簿公堂。盖茨赢得了这场官司。在微软发布 Windows 之后,苹果控告微软,宣称盖茨团队盗用了苹果的图形用户界面的“外观和感觉”,这一设计由于苹果麦金塔电脑的成功而非常流行。这场诉讼一拖数年,1994 年法庭终于做出微软胜诉的判决,并且提出很多有趣的问题,诸如知识产权的核心内容是什么,什么行为算是盗用侵权,以及什么是合法地开发利用现存的技术。针对这一主题,盖茨特别坦率地直抒己见,点头同意微软和苹果两家公司都受益于施乐帕克研究中心所做的研究。在苹果的办公室里发生的一场争论,今天来看颇有传奇色彩,沃尔特·艾萨克森在 2011 年出版的《乔布斯传》对此有精彩的描述,苹果老板对盖茨吼道:“你这个窃贼!我曾经信任你,现在你却在偷我们的东西!”盖茨冷静地回敬道:“好吧,史蒂夫,对于这件事我想应该还有另外不同的看法。我寻思我们两个都与叫施乐的这个有钱的邻居为邻,我闯进他家去偷电视机,结果发现你已经把电视机偷走了。”

Lead from the Front

身先士卒

我不同意把“敏感”称为微软天生的特质，甚至是微软高层管理的特质。

——史蒂夫·鲍尔默在《华尔街日报》上说，1998 年

盖茨看上去永远像一个学生，说话不会客气，尤其不会那种激动人心的煽情，没有一点伟大领袖的那种样范。不过他有喜欢使用俚语的嗜好，比如他爱说："超酷！"所以他绝对不可能被误认为是温斯顿·丘吉尔再现。然而，在很多方面他已经日臻完善，成为当代最具影响力的领袖之一。他业已证明在两个互不搭界的领域（软件与慈善），他可以把创造性思维、实用主义、组织协调以及激励同道的能力集于一身。

前面已经说到，在与微软的员工和同事打交道的时候，盖茨经常表现得粗鲁生硬，他的臭脾气是出了名的。除了对人随意辱骂、打断别人讲话、睿智地讽刺，他还会突然爆发一阵阵明显失控的大喊大叫(虽然有人怀疑他清楚自己正在干什么)。再者,他还有令人不安的习惯,在深思的时候他会前后摇晃,对不想回答的问题,他简直把提问人盯得不敢对视。他的许多雇员都变得害怕被叫去见他们的老板。2000年在辞去执行总裁一职后不久,他对《新闻周刊》说:"这是一个毫无人性的工作,对你有无穷无尽的要求。"

然而,当一名好的公司老板绝对不可能成为办公室里最受欢迎的人。尽管他这人很难打交道(这一点可以从他与艾伦和鲍尔默这样的高层人物也会偶尔关系紧张这一事实得到证实),他还是拥有员工的忠诚,而且取得了毋庸置疑的成果。与最初的外表印象相反,他拥有很多与生俱来的领导特质。2003年他向"史密森口头与视频历史"机构披露,自己想当第一把手的欲望很强,甚至早在学生时代就已萌发。说起湖滨中学程序设计员俱乐部把他撵走,然后又请他回来的原因,他解释道:"瞧,如果你们要我回来,你们必须让我说了算。但是,这是一件危险的事情,因为如果你们这一次让我全权负责,那么从此以后,我就要永远大权在握。"

虽然当领导的欲望说明了某种个人主义,盖茨也明白,一个真正杰出的领袖要培育一个即使脱离总裁也能兴旺发达的组织。在2006年的记者招待会上，他宣布正式放弃微软的全职岗位，他说："这个世界已经倾向于将不成比例的关注度聚焦到我头上。"对盖茨而言，领导不再是自我膨胀，而是看事情是否按照他的严格标准来完成。

他有一种令人羡慕的能力，即能集中精力完成手头的任务，从不吝惜投入时间和精力，确保他的事业按照他的要求运转。他除了愿意长时间工作以外，还用一种高度条理化的方法来处理工作。譬如，在对需要处理的问题如果没有听到充分的汇报，他很少去参加会议。1996年，他在《纽约时报》发表评论："当我去开会的时候，我会记住具体的目标。没有太多闲聊，尤其是跟我非常熟悉的同事在一起的时候。"他坚信，一开始就做好调查工作，会省去日后许多不必要的劳动。一旦剥去细节而直奔问题的本质，他就对自己的能力充满信心，可以在第一时间做出正确的决策。

> 不要两次做出相同的决定。要花时间用心思考，第一次就做出稳妥的决定，这样你就不用去重新讨论同一个问题。
>
> ——比尔·盖茨，1997年

他对公司严格管理,其决策的制定都基于证据和直觉的结合。他希望每一位员工都能够证明他们做事的目的和方法,与此同时,新想法要放到显微镜底下审查。不过,他也允许自己有相信直觉的自由。1997 年他对《时代周刊》说:“我依然像过去一样认为,智商是不可以取代的。为了成功,你也必须知道如何做选择,如何拓宽视野考虑问题。”他在 2008 年广为报道的一个关于创造性资本主义的讲演主题就是“唯有理性方可远行”。

如果所有这些听起来好像盖茨担任领导角色威严刻板的话,我们也应该记住,无论是对自己还是对同事,他也非常重视娱乐。他偶尔也会像青少年时期那样游手好闲,惹得埃德·罗伯茨(MITS 公司总裁)说:“他有点儿像猫王埃尔维斯·普莱斯利。他永远长不大。”这是真的,他具有小飞侠彼得·潘似的品质,不只在外表上。他保留着一个天真的信念:凡事皆有可能。他还有一个年轻的信仰:他就是实现这一切的不二人选。2009 年盖茨在哥伦比亚大学发表演讲时说:

> 总有一些神奇的时刻,你必须对自己有信心。

你会有那样的几个瞬间，你相信自己，并对自己说yes，这两者可以同时发生——你必须抓住这些，因为机不可失。

此外，你真正能够感觉到，他不会花时间去从事不能点燃他热情的劳动。看看他 1997 年 1 月对《时代周刊》发表的关于他工作的评论："我依然感觉这超级好玩。"不过他说得最好的一段话是在一年前的《纽约时报》上：

即使在今天，就我而言，赚钱本身并不是我感兴趣的事情。如果我不得不在工作和获取巨额财富之间做出选择，我会选择工作。领导一个由几千人组成的高智商的精英团队比拥有一个巨额银行账户要刺激得多。

1998 年，品牌顾问阿兰·布鲁在《华尔街日报》对盖茨作为微软总裁所做的贡献做了评价："比尔·盖茨就是微软……整个公司的性格就是对这位好斗、年轻、傲慢领袖的克隆。"

Learn from Your Mistakes

从错误中学习

最糟糕的顾客就是你最好的学习资源。

——引自比尔·盖茨《未来时速》一书,1999 年

值得注意的是，许多世界上最优秀的运动员报告说，从最辉煌的胜利中获得的满足感是比较短暂的。他们继续攀登新高度的欲望与其说取决于再度获得胜利的快乐，还不如说是如何避免失败。盖茨也有这一显著的特点，他不会因成功而得意洋洋。相反，他总是转而面对下一个挑战。他在1995 年的新书《未来之路》里写道："成功是个讨厌的老师。它引诱聪明人落入输不起的思维陷阱。"

这个话题，他一年前在《花花公子》的访谈中谈论过。当时他说："恐惧应该指引你，但它应该是隐而不见的。我有一些隐形恐惧，我经常考虑失败。"这是一个易被察觉到的始终存在的忧虑，促使他以高度批判的眼光来审视成就，而凡人多半会将其视为崇高荣耀的证明。1999年，H.W.布兰兹在调查现代企业家时，在《企业大师》上引用了盖茨的一番话："我总是顽固不化地盯着看我们做错了什么。我们不是因回顾过去的喜人成就而出名，我们可以对做得不好的部分无情地揭露。"

尽管创建了世界上最成功的软件公司，并且成了世界首富，盖茨依然有一些失误需要反思。在微软成长的初期，他的一个最大的遗憾就是允许犹他州的一个软件公司——网威公司(Novell)抢占了当时刚刚兴起的局域网(LANS)的先机。局域网是数台电脑在一个标明地域的范围内链接起来。由于取代了先前的大型计算机模式，它们对催生个人电脑时代起了关键作用。盖茨悔恨错失良机。

另外一个明显的失误是"微软鲍勃"，此乃公司于1990年后期发布的一个卡通形象，旨在为使用者提供帮助。不幸的是，这个软件需要高规格的硬件才可以操作，结果证明是防碍大于帮助，没有赢得太多粉丝。当时，盖茨断定公司投放量超过了市场的需求。(根据记录，人们希望他没有进城去训斥那个项目经理，因为此人恰好是梅琳达·弗兰奇——后来的盖茨夫人。)

但是,对比尔·盖茨而言,每一次失误最终都是下一回做得更好的机会。

1998 年他说:

> 各个公司都有一种倾向:让好消息广为传播。噢,我们这个账户在盈利。噢,我们顺风顺水,万事亨通。但是,有关好消息的事情,一般是不会惹官司的……在另外一方面,坏消息是会引起诉讼的……你得到坏消息越快,你就变得更好,为了减轻一点坏的影响,你要修改产品计划,回头与人们沟通,真心去深入挖掘原因。

因特网:差一点失之交臂

> 有时候我们真的措手不及。譬如,当因特网出现时,我们将其排在第五或第六的优先次序……
>
> ——比尔·盖茨,1998 年

在2000年之前，微软的因特网浏览器已经获得实际上的市场优势。虽然像Firefox和Google Chrome这样的后来者宣称占据了一些地盘，微软仍然是所有网络浏览器中知名度最高的，这一点无可辩驳。然而，事情的结果可能会发生逆转，因为在20世纪90年代中期有那么一个短暂的时间，互联网看起来好像是微软没有赶上的一个盛大的派对。这一方面说明任何人都有可能骄傲自满，另一方面也体现了盖茨具有逢凶化吉的本领。

因特网的来历

我们今天知道的因特网实际上发端于20世纪60年代，追本溯源应该是美国国防部高级研究计划署的阿帕网络，当时用来连接身在各个不同研究设施的员工。然而，它并不是一个打算提供给民众使用的系统。同时，当一个全功能个人电脑的梦想尚未实现之时，把平民大众与全球信息高速公路对接的想法仅仅是科学幻想而已。

即使在像微软这样的公司帮助实现每张书桌有电脑的

时候,互联网络在庞大(并且财力雄厚)的组织机构以外的发展大大滞后。但是 1989 年,一场惊天动地的巨变发生了,当时曾经供职于欧洲核子研究组织(CERN)的英国计算机科学家蒂姆·伯纳斯·李提出了一个建议,建议创立一个超文本链接系统,这些超文本可以使用浏览器观看。之后不到两年时间,互联网生机勃勃,网络革命降临到我们头上。

此时,微软依然在从一个为商业世界提供实用的计算机解决方案的公司向准备好为独立个人服务的公司转变。这可以部分解释,为什么微软面对因特网的异军突起而措手不及,因特网已经成了世界上亿万民众的玩具,而不仅仅是大机构的一个工具。无论何种原因,微软的研发者疏忽了这个执牛耳的战略高地,直到 1995 年,盖茨才意识到,这个失察兴许会要了他们的命。

当年 5 月,盖茨给员工发放了一份备忘录,标题是“因特网浪潮”。他在文中把因特网描绘成“自从 1981 年 IBM 个人电脑问世以来,所出现的最重要的一个发展”。微软完全不能够置之不理。“因特网是一场潮流,”他继续说道,“它改变了规则。它是难以置信的机遇,也是不可思议的挑战。”盖茨成功地掩饰了他的惊惶。几年后,他还是承认,在公司内部,情况已经到达“狂热”的状态,但是令人欣慰的是,尽管有些迟,这场危机还是被认识到了。他说,这证明微软的神经系统是健康和充满活力的。

由于盖茨鼓励他的研发人员一如既往地努力,微软不到几个月,就发布了它自己的浏览器——因特网浏览器(Internet Explorer,简称 IE)。通过将浏览器与其视窗操作系统的捆绑,IE 浏览器成了这个星球使用最广泛的浏览器,使得像美国网景公司(Netscape)那样先前竞技场上的巨无霸黯然失色。在有些人看来,微软完全就像一个恃强凌弱的校园坏蛋,倚仗公司的发达肌肉用肘部开路,一路将对手挤出去。微软这种粗鲁斗狠的经营方式,使得司法部对其启动了反垄断调查。但是最后,除了一大笔罚金,微软毫发未损,而微软的年收入可以绰绰有余地支付这笔罚金。曾几何时,似乎是因特网奇迹在他们缺席的情况下急剧扩大,幸亏盖茨及时意识到了自己的疏忽,才把自己的事业推到这场革命的最前沿。

盖茨 1997 年在华盛顿讲演中说的一段话耐人寻味,在描绘因特网的兴旺时,他说:“我能够想起来的与之最接近的事情,那就是淘金热——当年每个人都跑到那里去碰运气。人们对最后的结果惊讶不已。”

Keep Track of the Competition

跟踪了解竞争对手

不论是谷歌还是苹果，抑或是自由的软件公司，我们已经有了极好的竞争对手，使得我们时刻保持高度的警惕。

——比尔·盖茨，2010 年

毫无疑问，盖茨性格中超竞争的特点有助于驱动微软的成功。无论是在他童年时代“迷你奥运会”当中的赛跑，还是与年轻的保罗·艾伦下棋对弈，抑或因为图形用户界面的开发问题与史蒂夫·乔布斯抬杠争吵，盖茨从来都是好胜心切，非要当赢家不可。像许多卓越的斗士一样，他奋力拼搏，确保自己技艺精湛，同时寻找到对手的弱点。

并不是说盖茨愚蠢到了认为自己能够（或者是真的需要）征服所有看得见的竞争者。他也有良好的判断力，不停地找出天然的盟友。有一次他与 MITS 公司合作，他们提供给他一个攀登的脚垫，这正是他所需要的。他后来大获成功，却把荣耀归功于当时公认的行业领袖 IBM 的头上。只要能达到他的目的，他甚至与苹果同心协力，在他们最困难的时刻帮助他们解决难题。他在 1995 年出版的《未来之路》一书中写道：“我们的成功，从一开始就真的建立在合作关系的基础上。”

盖茨在起步时就懂得合作之道，而不是设法把游戏场上的竞争对手清除干净。以一种密切关注和批判性的眼光来看待竞争，让他受益良多。通过这种方式，他能够弄清楚什么时候盟友会带来利益，甚至更重要的是，什么时候对手正在抢占潜在的先机。只要那些想赶超他的人一出现，盖茨的大脑就会高速运转，想出对策冲抵对手的优势，重新占据上风。2008 年，他告诉《美国有线电视新闻网》：“所有经营良好的资本主义公司早上起来就会想，‘我们怎样才能做出更好的产品？他们又在做什么好东西？我们要把东西做得更加便宜、更加简单、更加便捷而且质量更好。’”

此外，他所谓批判性的眼光，就是他相信自己不仅能复制对手的长处，而是能够看出对手自己都未意识到的潜在优势。1996 年他在《纽约时报》的专栏里写道：

> 我们重点研究其他公司什么做得好，什么做得

差。我们不会轻率地说某个公司微不足道，仅仅是因为它很多事情做得还不够完美。这家公司也许正在做非常重要的事情，可是也许它自己都不知道其重要性。

盖茨也始终如一地保持针对商业对手的洞察力。一些人会因为自己的想法显得与其他人的想法格格不入而感到紧张，盖茨则会因此而感到自得。对他来说，很少有那种自我怀疑的倾向，去怀疑不被接受的想法本质上存有某种缺陷。像许多最杰出的发明家和企业家一样，正是寻求与其他人擦肩而过的奇思妙想而推动他不断前进。1995 年，他非常谦虚地把微软的成功贬到一钱不值：“我们不过是拥有时代巨人错过的想法。”

不过，这句话表明了在竞争当中的一个盲点：像乔布斯和无数其他白手起家的成功者一样，盖茨拼命去确认他和他创立的公司早就获得的“巨人”地位。正因为如此，当他以“大卫”这样的弱势身份踏上人生之路的时候，其行为极可能显得粗野和勇敢，就像一个小混混将要被“歌利亚”处死时的反应一样。1995 年他解释说：“微软的外部看法与内部认识大相径庭。微软内部总是认为微软有点像一个失败者。”

虽然这只是表达了一种与微软业已功成名就的霸主地位相冲突的看法，但它开启了一扇窗户，得以窥见盖茨如何看待他的大部分成年生活：就像一个勇敢的小不点，开始与一群大孩子较量，为了取胜而不择手段。

微软对苹果

> 他们（微软）毫无艺术品位。我并不是说小的方面，我是指大的方面，是说他们想不出新颖的点子，他们的产品不太有文化色彩。”
>
> ——史蒂夫·乔布斯，1996 年

在比尔·盖茨一生所经历的商业竞争中，没有什么竞争能像与史蒂夫·乔布斯的竞争那样趣味横生的了。确实，说句公道话，不仅是过去 40 年的技术革命，就算在全部的商业历史当中，它也是最令人好奇的争斗之一。它以自己的方式，留下了划时代的意义。

这两个人在关键的方面非常相似。两者都是美国好男孩，都出生于相对殷实的家庭，都表现出早熟的才能。他们各自从大学里辍学，去追寻梦想，要在新出现的同一行业大干一场。此外，两人都喜欢唯我独尊，都有易怒和无情的名声，以最高标准要求其团队员工。当然，他们两人也都把自己的公司打造成了全球很有影响力的机构，并在此过程中挣下了无法想象的天文数字般的个人财富。

也许事实是，他们均从对方身上了解了太多的自己（与他们的相互竞争一道），使得他们的个人冲突，一触即发。乔布斯细心巧妙地处理自己的形象，以至于有很长一段时间，他把自己打造成了颇具吸引力的“局外人”形象，来反对盖茨这个极客当权派，可惜依然是枉费心机。然而，尽管他们冲突不断，两人之间还是有某种难以言状的冤家聚头的缘分。他们发展出了真诚的友谊，即便有勉强的成分。常言道，一个人应该亲近朋友，更应该与敌人保持紧密关系。然而他们这种情况，是什么原因让两人互相吸引，还难以充分解释。毋庸置疑的是，他们真心尊重彼此所取得的成就。

不可否认，虽然不该言过其实，但是他们之间的确也存在着思想差异。乔布斯总是把他的机器作为追寻不同凡“想”

的独立个体的工具来推销，而盖茨一开始就聚焦于商业的需求。在乔布斯将眼光放在美学标准上时，盖茨却把更多的精力放在实用功能上面。不过，无论他们在方法上有何种分歧，他们都具有一种天生的直觉，那就是一方的存在，使得另一方变得更强。他们也许追逐一些相同的市场，但是一旦哪一方的公司缺位，那么市场本身就会呈指数萎缩。计算机行业有足够大的空间来容纳他们双方。

说起两人的瓜葛，乔布斯更具有敌对性，至少在公共场合是如此——正如本节开始的那句引语所暗示的一样。如果有机会攻击作为公司的微软或者作为个人的盖茨，乔布斯很难隐忍不发。譬如有一回，他对采访者说，如果盖茨“年轻时服点迷幻药，或去过印度的静修所”，应该会成为一个“格局更大”的人。当然，这只是调侃罢了。

> 我要是有史蒂夫那样的品味，什么代价我都愿意付出。
>
> ——比尔·盖茨谈到史蒂夫·乔布斯时说，2007 年

或许更叫人吃惊的是，后来两家公司进行了紧密合作。

此外,以不偏不倚的眼光来看,似乎是苹果更需要微软,而不是相反。例如,1982 年乔布斯与微软达成了一项协议,根据这一协议,微软同意为苹果麦金塔电脑开发电子表格、数据库和图形程序。盖茨表现出无以复加的宽宏大量,他在 1984 年的一次讲演中宣布:

> 创建一个新标准,它并不是采用略有区别的规范,而是真正崭新的、能够捕捉人们想象力的规范。苹果麦金塔电脑,在我见过的所有电脑中,是唯一符合这一标准的机器。

当微软在商海中一浪接一浪地连续取胜,把苹果甩在身后的时候,这两大公司之间的关系开始恶化。对乔布斯来说,这肯定是一个特别困难的情形,因为他也知道,没有像 Word 和 Excel 这样的微软软件,苹果将面临一场真正的挣扎。然而,如果苹果一夜之间销声匿迹,则会有另外一家电脑制造商取而代之,并毫无疑问地也要装上微软的产品。微软可能对此想法感到欣慰。

乔布斯的策略具有鲜明的个人色彩,继续采取攻击态势。他决定起诉微软，控告对方在生产 Windows 时偷窃了苹果麦金塔电脑的图形用户界面。因为这场官司，他们之间的关系变得僵冷，温情难再，结果苹果与微软双方都因为专利和版权之争而多年互相角力，养肥了一大批律师。

到了 1997 年，乔布斯回到苹果公司，重新当上了老板。他在 12 年前被苹果公司无情地抛弃过。如今，他和盖茨都变得成熟了。就像有人暗示的那样，是年龄和银行几十亿美元的存款才能够涵养出这种淡定老成。此时，苹果不过是在乔布斯第一个任期时那个顶尖公司的影子，许多的业内人士相信最好的日子已经一去不复返了。乔布斯精明地认清了商业现实，他放下身段，找回谦卑，和他的老冤家又谈了一笔生意。

微软买了大约 1.5 亿美元的苹果股票，同意不断地给苹果计算机生产软件。这不但给了苹果作为一个大玩家重建自我的机会，而且微软的投资被认为是全球计算机行业最牛品牌一次非常公开的信心展示。像往常一样，乔布斯无意去领悟其中的重要性："我认为它让世界变得更好。"然而，当盖茨的巨幅图像在 1997 年的苹果世界大会（苹果公司的大型年度商业展销会）上播放时，"果粉"们开始喝倒彩。这是乔布斯多年来说坏话贬损其对手的明证，而且在那一刻，这也成为一个恩将仇报的相当尴尬的例子。

正如盖茨就他们盗用施乐帕克研究中心技术一事反驳乔布斯时所表明的那样，微软大师不是容易被打败的。可以假定，面对乔布斯时不时的对抗翻脸，盖茨的付出与回馈一样多。不过，他继续公开表扬他的对手。譬如，1998 年在圣何塞大学演讲时，他大度地说：

> 说到能够鼓舞人心的领袖人物，乔布斯真的是我见过的人当中最棒的一个。我的意思是说，他能够让人工作，你知道，让他们超常发挥。他得小心谨慎，因为这是一种强大的力量，他可能使用过度。他是一流的魔术师，我则是二流的魔术师。

2007 年，这两个人甚至在《华尔街日报》主办的“一切数字化”会议上，在世人瞩目的友好气氛中共享一个公共舞台。盖茨立刻赞美并提到他们截然不同的方式：“他平素做事的方式与众不同，我认为他的方式是很神奇的。”当乔布斯即将走到生命的尽头时（乔布斯与癌症长期抗争之后，2011 年与世长辞，享年 56 岁），盖茨亲自到他家中探望。在乔布斯家里，他们海阔天空，无拘无束地漫谈了好几个小时，回忆他们大起大落像过山车一般的人生。如果能变成一只苍蝇停在墙上，聆听他们当时的促膝长谈，那该是多么令人陶醉的事啊！

> 我和史蒂夫第一次相见差不多是在 30 年前，迄今已经走过了人生的一大半，他已经成为我的同事、对手和朋友。这个世界难得见到什么人有史蒂夫那样深远的影响力，他对人类世界的影响将泽及后代子孙。
>
> ——比尔·盖茨在史蒂夫·乔布斯逝世后如是说

毋庸置疑，他们是竞争的关系，这种关系激励着他们去攀登新的高度——正因为此，我们每一个使用个人电脑的人都应该感激不尽。尽管有时候两个人唇枪舌剑地互不相让，但是两人斗到最后都是赢家。自从 20 世纪 70 年代以来，他们各自在这场重新定义世界的技术革命中发挥了巨大的作用。此处盗用一句史蒂夫的话，他们各自都“把这个宇宙咬了一口”。或许人们最大的好奇是，他们身后的遗产都不是这个世界曾经预料到的。20 世纪 90 年代中期,微软看起来赢得了商战,可是到了 2010 年,由于乔布斯有一份包括 iPod、iPhone 和 iPad 在内的牛气冲天的 21 世纪产品成绩单,苹果赶超微软成为世界上市场资本中最有价值的技术公司。与此同时,在乔布斯开拓了一大片市场,成为人民冠军的时候,盖茨脱颖而出成为世界上最伟大的慈善家,仍然为自己赢得了这场个人声誉的竞赛。我们可以说,盖茨归根到底还是一个心胸开阔的人——与迷幻药无关。

Business Is Business

在商言商

做生意是一种美妙的游戏:竞争激烈,规则少之又少。你用钞票来记分。

——比尔·盖茨,1996 年

不管盖茨用他的巨额财富获得了怎样的利益——而且他已经功成名就——说句公道话，在其财富的积累过程中，他很乐意采取强硬手段。对于他的评价，恰如宝蓝软件公司创始人之一菲利普·卡恩所言："盖茨是个非常精明的商人。"

盖茨可能把自己看做是一个计算机科学家，但他也是当代出类拔萃的执行总裁之一。他能够把研发产品的天赋同平行账簿、管理数千名员工的日常事务结合起来，并长年做得如此之好，的确令人啧啧称奇。不过从他和艾伦联袂创业那一刻开始，他就接受了技术专家和商人这一双重身份。1993 年他解释说："我认为微软的成功，缘于意识到这些事情相互关联，这两种身份互相促进。"但是，正如沃伦·巴菲特所言:“如果比尔开办的是一个热狗摊,他也会成为世界热狗之王。”

当然,盖茨总是努力保持他的经营之道不要变得复杂,他曾说:“我认为做生意非常简单,无非是利润、损失。拿销售来讲,减去成本,你便得到这个大大的正数。这个数学相当简单。”显然,当年他与史蒂夫·鲍尔默一起在哈佛大学听的那些研究生课程,并不是浪费时间!布丁好不好,吃了才知道,他的方法无可指责。到 2014 年年末,微软是世界上第二个最有价值的公司(你猜得到,排名第一的是苹果),拥有 4100 亿美元的市场资本和 13 万来自世界各地的员工。

不过,公司真正的鼎盛时期,是在盖茨以首席执行官的身份执掌微软大权的时候。从 1975 年他和艾伦为 MITS 公司撰写编码以赚取数千美金的酬金开始,盖茨把微软逐渐发展成为世界上最大的公司,1997 年公司资产估价增长至 2610 亿美元时,微软获得了“最大公司”这一称号。当微软公司 1986 年上市的时候,任何一个人,只要他手上有钱,而且具有良好的判断力,投资 2100 美金购入 100 股,那么当微软股票价格在 1999 年年底升到新高时,他们将赢得 140 万美元。那年 12 月 30 日,公司创下迄今为止历史上最高的市场资本价值纪录——6189亿美元。这一纪录直到2012年8月20日，当苹果公司以6235亿美元的市值结束这一天的交易额时，才被打破。

但是，盖茨决不让自己因这些个搅乱头脑的数字而忘乎所以。在任何时候，他都谨防成功后滋长自鸣得意的情绪。对于公司的未来他一直是乐天派。1997年他在《纽约时报》上写道："微软不会万古长青，所有的公司都会衰败，这不过是时间问题。"大概是怕他的话会引发市场恐慌，所以他在文章结尾时用了一种稍微积极的笔调："当然，我的目标是让我的公司存活的时间尽可能长一些。"

此外，盖茨在董事会里说话做事一贯不讲情面。只要他决心做成可能是最好的交易，即使不得不跨过一些人的阻挠，他也要确保成功，这一点毫不动摇。为了证明这一点，我们来审视一段他童年早期的逸事。当时他去找他的姐姐克里丝蒂提出做一笔生意的建议。她有一只她引以为傲的棒球手套，那是比尔梦寐以求的东西。由于不可能有钱给自己买一只新的手套，他毫不吝啬地拿出他的5美元"巨款"，用来交换可以没有限制地独自使用这个运动设备的权利。他甚至草拟了一份合同，详细写下了条款，并让她签字。

睁大眼睛盯牢底线

身为执行总裁，盖茨保证自己决不会用公司的钱过度恣情享乐。虽然最后他给自己买了个亿万富翁的大玩具——一架私人喷气式飞机——然而他仍然盯牢底线。譬如，有一次出行，他买了张经济舱机票——毫无疑问此举赢得了巴菲特的赞许——他早就有乘飞机给自己订经济舱的习惯，尽管他买得起任何一天所选航班的任何机票。正如1995年他所说的那样："飞经济舱可以少花钱。坐经济舱跟坐一等舱一样快，而且我的身体感觉舒服。如果我真的身宽体胖、人高马大，也许我会另外考虑这个问题。"

他成年后开始真正做生意的时候，便"开采利用"以往的"生意经"。正如我们看到的那样，在每一次商业交易中，他擅长尽力获取可能的优势，一旦有差错发生，他也能成为保护自己利益的高手。他战胜一个又一个潜在的挫折，不断学习，成为久经商战的老手，再去面对下一次挑战。

微软的初战告捷要归功于盖茨和艾伦一道与 MITS 公

司达成的漂亮交易。接下来这两个组织之间的业务关系闹崩了,这让盖茨不得不面对艰难的商业现实。问题源自初始合同中的一个条款,该条款要求 MITS"竭尽全力"来促销微软为其生产的 BASIC 翻译程序。每一次销售,盖茨与艾伦都可以得到版税,以弥补他们当初将产品贱卖给 MITS 时那少得可怜的首付。然而,这导致了盗版。盖茨感觉 MITS 已经失去了积极促销的欲望。所以,盖茨要求收回版权。

当时,MITS 已经被一个叫做 Pertec 的公司收购,该公司在仲裁进行期间扣压了付款。1996 年盖茨对《财富》杂志谈起此事,说 Pertec 是"试图把我们饿死"。他差一点就想息事宁人了,但是到了最后他选择将官司打到底。仲裁人对于 Pertec 和 MITS 两家的行为均无好感,判决微软胜诉。盖茨不仅赢回将许可证卖给其他公司的权利,而且他也得出一个结论,既然与 MITS 的合伙关系已经死亡,微软没有理由再留在新墨西哥。为了扭转艰难局面,他与艾伦商定回到家乡华盛顿州。

在盖茨富有戏剧性的漫长职业生涯中,生意上的败笔在所难免。除了有时候与苹果磕磕碰碰之外,再一个麻烦就是微软与 IBM 的纠纷了。20 世纪 80 年代末,在研制 MS-DOS

的换代产品 OS/2 期间，情况陷入危机。"人们很容易忘记，IBM 对这个行业无处不在的影响有多么大！"盖茨在 1996 年出版的《书呆子的胜利》一书中回忆道，"IBM 与微软之间的关系始终是一种文化冲突。IBM 员工都是保守组织的人。"

问题产生的部分原因似乎是 IBM 的程序设计员觉得他们干的活超过了他们分内的工作量。另一方面，盖茨争辩说，如果微软人研制的编码少了，这并不是说明我们人懒，而是效率更高。对于操作系统完全不同的看法加重了两家的分歧。盖茨想要创造一个能够被众多不同的硬件和软件设计者利用的公开平台。这一想法与保罗·卡罗尔在 1994 年出版的《蓝色巨人：IBM 的毁灭》那本书中阐明的精神不谋而合。书中引用了盖茨讨论微软的内容，即"低成本、高容量的方法，任何公司，包括我们的对手，都可以编写软件和研制硬件，与开放的 Windows 平台相匹配"。他把这个方法与 IBM 的"高成本、低容量、专卖的方法"做了对比。如果考虑到他们不可调和的分歧，IBM 在 1992 年与微软实际上已经分道扬镳，也许人们一点都不感到奇怪了。尽管历经打击的伤痛，盖茨再次展现了他的稳健，引领他的公司不断前进，攀登新的高度。历史表明，不是 OS/2 操作系统征服了世界——这是一堂示范课,即向一位前辈表明,没有他们,你也能够繁荣兴旺。

盖茨是个企业家,在成功问鼎人生巅峰之路上承受了各种磨难。但是他从不退缩,总能从一次比一次凶猛的打击中重新振作起来。1994 年,有人问他,美国政府的反垄断调查是否会约束他竞争的天性,他做了一个评论总结他的战斗精神:“要想叫我胆小怕事,恐怕要做外科手术才行。”

微软与垄断

> 如你所知,根据定义,垄断者就是有能力限制新公司进入并且单方面控制价格的公司。微软两者都不会。
>
> ——比尔·盖茨,1998 年

微软在 1975 年成立时,公司只有两个梦想征服世界的无名之辈,但微软在短期内造就了他们日后的成功。几年之内,公司成为能够横行霸道的彪形大汉。突然之间,现在轮到其他公司处于失败地位了,他们便迫不及待地抱怨微软公司的所作所为。这样一来，微软在世界商务领域触犯了反垄断法（旨在防止垄断和促进市场公平竞争的法律），在此过程中导致了数十亿美元的罚款。然而，盖茨总是坚持声称，微软之所以成功，是因为它比对手做得更好，而不是因为它压制了他们。

公司反垄断纠纷的记录令人不快。举例来说，有一家公司因为违反了反垄断法规，被欧盟课罚了最大一笔罚金。2004 年，欧盟委员会针对微软把视窗媒体播放器（Windows Media Player）绑进操作系统征收了 6.66 亿美元的罚金。另外，微软被迫分享其某一部分编码。欧盟委员会认为微软“不服从”判决后，于 2008 年，宣布第二次罚款 14 亿美金。紧接着在 2013 年，因为微软公司只把 IE 浏览器推销给欧洲顾客，而没有促销其他互联网浏览器，欧盟委员会又加征了 7.31 亿美元的罚金。

但是，1998 年由美国联邦政府发起的反垄断行动，在微软的历史上造成了最严重的污名效应，尤其是它一度威胁到微软的整个未来。微软将 IE 浏览器绑进视窗（Windows）操作系统的方式是引起争论的原因。因为那么多的电脑都在使用 Windows，有人争论说，把浏览器塞进 Windows，就是强买强卖，不公平地限制了竞争者的机会，包括像网景（Netscape）这样最早的计算机网络开拓者。

在几轮听证会后，一位法官判决微软应该分成两个独立的实体——一个致力于其个人电脑操作系统，另外一个处理公司的其他利益，包括 Office 套件和 IE 浏览器。然而，这项裁决在接下来的上诉中被推翻，微软与美国司法部达成和解，允许微软作为一个整体继续存在。

毫无疑问，这是盖茨人生中一次最严峻的考验，但是不愿服输的性格让他坚定地捍卫自己的利益。这场官司也阐明了盖茨对于自由市场的态度和微软在其中的地位。1994年，司法部的调查就像噩梦开始展现，他对《花花公子》发表的评论概括了他的观点："铁定的真相就是我们一点都没有做错。"对于所有的意图和目的，他总是根据缺乏机会和意向的事实，来拒绝所有垄断倾向的指控。

譬如，1998 年他坚称："因特网之美在于其开放性。它不能被控制，被支配，被切断。"与此同时，《华尔街日报》援引他的话说："我的公司没有意向要把信息超高速公路变成收费公路，从来也没有过。"盖茨深感委屈，坚信他的公司是因为成功才遭到不公平的调查。

他的逻辑简单明了：虽然微软创业时只是一个不起眼的小公司，但是通过给市场带去顾客们所需要的产品，最后征服了它的竞争者。对他而言，这不是垄断行为，而是自由市场的胜利。正如他 1997 年在《时代周刊》上所言："谁培育了市场？是我们。有谁能够在与像 IBM 这样的大公司——十倍于我们体量的大公司的竞争中，存活下来？"他的结论是，美国政府的诉讼案不过是因为微软产品"太给力了"。他对那样的建议嗤之以鼻，说什么为了促进市场的竞争，微软应该销售缺乏某些特点的产品。他说，这样的产品无异于残障，绝不是自由市场所追求的真谛。

虽然盖茨据理力争，并切中要害，但是他的辩白没法让很多批评者满意，他们始终指出，现实是微软在市场上的霸主地位使得其他竞争者为了立足而拼命挣扎。让我们再次回到大卫与歌利亚的故事。微软起步时就是"大卫"——个头矮小，身手敏捷，依靠智慧而不是肌肉。在盖茨的心目中，他的公司从来没有改变过。盖茨仅仅是继续使用相同的手法击败所有的后来者。但是对于全世界大部分人来说，"大卫"已经超越"歌利亚"，发展成了"歌利亚 2.0"。他全身铠甲，自如地挥舞着十八般兵器，并有着令人生畏的名声——

"歌利亚 2.0"已经强大到不可战胜。战场上已经完全没有别人的立足之地了。

盖茨据理坚持认为,他和他的公司不应该因为人们大量购买他们的软件而受指责,同时,他不会没有认识到微软力量的实际影响力。他简直是太精于此道了。为了证明,你只需要查看 1981 年 5 月罗森个人电脑研究论坛会议记录就行了。在历史的一个特定时刻,由于与 IBM 的密切关系,微软即将飙升到商业大级别公司,盖茨特意指出:

> 我真的不应该说这些,但是,就某些方面而言,在一份个人的产品目录中,它导致了一种自然而然的垄断:人们实际上用文件证明、培养、推广一个特殊的软件包,通过发展的势头、用户的忠诚度、声誉、销售力量和价格建立了那个产品非常强势的地位。

在某些方面,微软过去雄心勃勃、不断打拼获得的名声却无助于案件的解决。公司的业务范围已经从当初单纯做软件扩展到硬件和广泛的媒体行业。考虑到盖茨长期担忧硬件行业赶不上软件的进步,这是再自然不过的事情。有什么能够比使用经济利益更能驱动计算机行业这一方面的发展呢?在 1998 年的一次演讲中,他为微软收购其他公司概述了其他理由:

> 大部分时间,我们收购的理由是,当我们看见市场飞速发展……我们要减少进入市场与顾客合作、获取他们宝贵反馈的时间。

虽然与司法部达成妥协似乎让每个人保全了颜面,但这一段人生插曲真的让盖茨很受伤。当然,在实现他的计算机世界之王的梦想中,有时候他对待竞争对手冷酷无情,在市场竞争中很少退让。但是,合法追求市场份额与不公平地妨碍对手之间的界限十分模糊,因而常常是你争我夺。

你可以感觉到盖茨对形势变化的失望。他谈到政治迫害,指控对手雇用说客来捅了这个特殊的马蜂窝。另一方面,司法部则指责微软采取合法的策略来公开"侮辱法庭的权威"。盖茨当时的个人痛苦在 1998 年的这段话中表现了出来:"当你的政府对你提起诉讼,这可不是令人愉快的经历。

我没有坐在那里说,‘哈,哈,哈,我要做我想做的事。’我当时心里想,这是我有生以来碰到的最糟糕的事情。”

如果这场美国反垄断诉讼是微软遭受垄断指控的最低点,那它绝不是此类诉讼的终点。除了欧盟委员会提出的诉讼外,公司在其他国家,包括日本与韩国,也经历了调查。与此同时,2014 年有报告称,中国政府即将启动对微软经营活动的调查。有个问题迄今依然存在:多大叫做太大?这是一个难解之谜,盖茨和他的法律顾问长期以来绞尽脑汁也没有解决。

Realize That No Man Is An Island

幡然醒悟：无人是孤岛

令人惊喜的是，梅琳达使我想要结婚。这太不寻常了！它颠覆了我过去对这个话题的全部理性思维。

——比尔·盖茨对《花花公子》说，1994年

在高中的校园里，运动健儿抢得美女，而书生极客获得高分，这是好莱坞影片中屡见不鲜的情节……直到有个富有魅力、令人钦佩的拉拉队长类型的妹子发现，她未来的幸福其实取决于一个书呆子，而不是她先前约会的那个打四分卫的傻瓜橄榄球员。然而这番描述未能如实地概括比尔·盖茨的浪漫史（而且严重淡化了他太太本人的重大成就——她和盖茨的婚姻与其说像凡妮莎·哈金斯嫁给了扎克·埃夫隆，不如说更像米歇尔嫁给了贝拉克·奥巴马）——尽管如此，它暗示了一个潜在的事实。

正如前面所述，盖茨绝非是个惹爱神眷恋的美少年；他的长相绝不会像影星布拉德·皮特和乔治·克鲁尼那样的帅气，让人一见怦然心动。不仅如此，他在计算机面前忙个不停，度过了绝大部分性格形成时期，而电脑不会是建立人际关系的最有益方式（尤其是在社交网络之前的时代）。但这并不是说，盖茨没有像年轻人一样取悦妙龄女郎的机会。毕竟不是每个人都只要美少年，而且盖茨身上不可否认的男孩子气对某些人还是有魅力的。他也擅长运动，头脑灵活聪明，个人发展全面，从不缺乏自信心。当他开始在技术世界腾波鼓浪时，新闻界拍摄了他与许多约会对象吊膀子的照片。

或许最有名的是他约会安·温布拉德——硅谷一位最重要的风险投资家——自从 1984 年遇见之后，若即若离交往了三年左右。然而，盖茨也摆脱不了这样的想法，那就是，约会让他疏远了真正重要的软件开发事业。由于两人结为连理的前景渺茫，这对恋人友好分手，有报道说此后两人一直保持着良好的关系。1993 年盖茨写道："我过了好长一段单身汉的日子。"

不是盖茨不能把自己安顿下来，只不过他还没有到达人生计划的那个节点。我们不要忘记，当他与温布拉德卿卿我我的时候，他还没有挣到他第一个十亿美金！所以命运总是要去物色某个不同凡响的人来转变他，使其回归到正常的想法，与一个人永远地分享他的生活。于是在 1987 年，他就遇见了她——芳名为梅琳达·弗兰奇的这个女人。或许出人意料，他在不惑之年的生日到来之前喜结良缘。

虽然他很难把脚从职业加速器上挪开，婚姻仍然标志着他人生的一个真正的转折点。孩子们的到来（詹妮弗·凯瑟琳 1996 年出生，罗里·约翰 1999 年出生，菲比·阿黛尔 2002 年出生）把事情搞定了。2010 年他对《连线》杂志说："当你选择结婚，有了孩子，如果你要把家庭经营好，你就要放弃一些狂热。"

所有的证据表明，他当居家男人，就像他当执行总裁一样称职。在写这本书的时候，他和梅琳达进入了他们婚姻的第三个十年。盖茨养儿育女，怡然自得，一些观察者为此感到惊奇。其关键在于，好像是从一开始，他就发现为人父其乐无穷。

1998 年在美国电视节目《20/20 秀》的一次采访中，他说："我生活中最重要的是我的家庭。我早就知道我会结婚，会有孩子。你知道，家庭生活的全部内涵就是注重感情，同甘共苦，一起做事。"

他甚至在为人父母与他们夫妻的慈善工作之间画了

等号。针对这一话题,《纽约客》杂志2005年引用了他的话说:

> 我们已经与排名前20名的致命疾病展开较量,每做一件事,我们都要审视每条生命获救的代价,关注情况改善后的真实结果。这很开心,也是很大的责任……这就是做父亲的真实况味。生活里面很多最重要的事情需要完成。不然,你早上起床的动力在哪里?

他生活中两个领域的重叠也涉及财务方面。他一直很固执地认为,他的孩子应该尽量“正常”地抚养——当你像盖茨那样富有、出名和强大时,便会觉得这真的是一个抱负。为了这个目的,他决定,孩子们的身份不应该以他的财富来定义。他有意将他的大部分财产注入他和梅琳达的基金会,此举引起的连锁反应是限制他把财产传给子女。2011年,《每日邮报》报道了他说的话:“给儿女的钱是我财富中的极小一部分。这意味着他们必须自食其力。他们将得到非常好的教育,费用由我来支付。”

当然，一笔巨大财富的极小一部分，不过是个技术词汇，它依然是一笔巨款。盖茨的孩子们无疑将继承他的财富，至于具体数额，我们只能想象一下罢了。然而，当他们什么也不缺时，那意味着继承了大笔财富——大部分民族国家都难以奢及的财富，更不用说个人了。2008 年，盖茨对美国有线电视新闻网说：

> 我认为，让他们坐拥巨额财富并不是一种福分。如何看待你将拥有的影响力，如何估量自己，你的朋友如何看你，他们如何跟你打交道，从多方面来考虑，钱会把人搞得非常扭曲，而且对社会也不好。

有一段时间，盖茨致力于他的事业，他献身于微软的发展好像极有可能成为他培养人际关系的障碍。结果，盖茨的成年生活往返于三个不同的领域：微软、慈善和家庭。他设法把大量的精力和资源投入到这三者当中——这成了他健全性格的一个证明。伟大的玄学派诗人约翰·多恩写下了这样的诗句："没有人是一座孤岛。"盖茨要去证明这一观点是对的，即使一个人有钱为自己买下一座甚至两座孤岛。

梅琳达·盖茨

从这个星期六开始，你能出去两个星期吗？

——梅琳达·盖茨回忆比尔第一次开口跟她约会，2013 年

成为像比尔·盖茨这样的男人的太太，可以带来明显的好处，但也是一项艰辛的任务。人们普遍认为，梅琳达·盖茨泰然自若地履行着盖茨夫人的角色，展现出睿智、优雅和尊严。当比尔不可避免地是报刊头条的扮演者时，她更多是隐身幕后，做一名贤内助，相夫教子，甚至溺爱儿女。身为一名手握重权而且事业有成的高管，她的能力在盖茨基金会得到了承认。在基金会里面，她施展影响力，参与决策，成为一个指导方向的人物和技巧娴熟的慈善事业倡导者。她从来不搞浮华的宣传，她给予基金会一种受人欢迎的气氛，透着温柔的同情，犹如戴安娜王妃在慈善工作中所取得的效果。

盖茨承认："梅琳达与一些支持者建立的关系，比我做得更自然更融洽。"

不过，究竟是怎样一位女子赢得了这个星球上最有影响力的男神的青睐呢？梅琳达·安·弗兰奇于1964年8月15日出生在德克萨斯州达拉斯市。父母是忠诚的罗马天主教徒，她就读于一所天主教女子学校——达拉斯乌尔苏拉学院。（该校的拉丁语格言为"Serviam"，意思是"我愿服务"——对于愿意在慈善事业中显身扬名的学生来说是一个恰当的信条。）像比尔一样，梅琳达很小就显露出数学天赋，被认为是个勤奋、优秀的学生。与她的未婚夫相比，她也热爱体育运动，乐于竞争，她证明自己不但是一名强悍的长跑运动员，也是一名擅长划艇运动的女选手。结婚之后，户外运动依然是这对夫妇的钟爱。在他们位于华盛顿湖的家里有一个理想的划艇基地，盖氏伉俪的身影常常闪现在万顷碧波之上。

高中（1982年毕业时她作为致告别辞的毕业生代表）毕业后，她考入北卡罗莱纳州的杜克大学，学习计算机科学和经济学。由于一些教授将她的论文拿到学生中间传阅，她这颗才华出众的明星再度熠熠生辉。她因为品学兼优而被挑选出来，上了见证她成功的快速跑道，仅仅五年之内，她先后获得学士学位和工商管理学硕士学位。鉴于微软有能力发现毕业生当中的天才，比尔·盖茨为此感到自豪，公司直接把她从大学里招聘上岗，就毫不奇怪了（尽管弗兰奇家族拥有苹果公司的股份，梅琳达先前在 IBM 当过实习生）。

在来到西雅图的新招毕业生当中，她是最聪明出众的一个，作为项目经理被派往全国各地工作。与她高超的技术能力一样，她的人事管理技能以及她擅长劝导一个团队、激发他们的潜能去努力工作的特殊才能获得认可（也许这是比尔从她身上学习到的东西）。即使她的履历上有点小问题（类似倒霉的微软鲍勃倡议），她仍很快因为被看作“非常好的事情”而闻名。

加盟微软大约四个月之后，在一次纽约商业交易会的宴会上，梅琳达·弗兰奇发现自己坐在她未来丈夫身旁。她后来回忆道：“他比我预料的要风趣很多。”与此同时，她的独立精神、聪慧睿智和幽默感立即给他留下了深刻的印象。然而，过了好几个月之后，这位老板才终于开口请求跟他的高管约会。谁知约会的地点没有一点浪漫情调——那是一个停车场——而且两周后约会的建议也未能让她芳心激动。她委婉地暗示这个建议缺乏随意性，他应该把时间提前才好。盖茨仔细琢磨了她的话，事不宜迟，当天傍晚就给她打电话，提议他俩当晚就见面。假如她指望有一个美酒佳肴的晚宴，那就一定会大失所望。那天晚上他还要在一个电脑用户会议上讲话，结果是两人凌晨在他的屋子里约会。虽然不尽人意，但是这次约见确实给了两人深入交谈和相互理解的一个宝贵机会。他也证明了他可以具有随意性。

在婚姻和基金会的双重背景之下，交流为两人关系的持久打下了基础。迈克尔·艾斯纳2010年出版的新书《共同努力：为什么伟大的伙伴关系会成功》援引了盖茨的说法，他们“喜欢分享各自的想法，谈论彼此正在学习的东西”。他们也养成了一个习惯，各自阅读很多相同的书籍，然后忙中偷闲，抽出时间谈论这些书，以此来保持他们思想的活跃。“你必须倾注精力，确保你知道对方的所思所想。”盖茨如是说。

1993年，他最终决定求婚，在他的老朋友沃伦·巴菲特经营的公司买了一枚订婚戒指。巴菲特相当调侃地对他说，1951年他自己给未婚妻买的一枚订婚戒指，整整花费了他净资产的6%，并且暗示比尔如法炮制。如果按照盖茨当时的财产而论，那将等于5亿多美元。无论最后花费几何，我们可以完全放心，他的花销必定高出通常价格，而且这对幸福的夫妇接下来举办了一个极尽奢华的“了不起的盖茨比”主题派对，盖茨扮作盖茨比，梅琳达扮作黛西·布坎南。

1994年元旦，他俩在夏威夷拉奈岛的海滨举行了婚礼。之后不久，梅琳达——这位极端保护隐私的女子——离开了微软，当时她已经升至信息产品部的总经理。1996年，盖茨家的第一个孩子出世了，但是她继续保持几个主管职位，包括《华盛顿邮报》董事会的席位，还有她大学母校托管人的职位。

2005年，《时代周刊》将他们的“年度人物”之头衔赠与“善良的撒玛利亚人”，以盖茨夫妇和波诺为象征——“三个人担当起一个终止贫困、疾病和冷漠的全球性使命”。这一荣誉加强了梅琳达的知名度，她依靠自己的能力成为一名公众人物，她管理基金会的重要性也受到波诺本人的确认：“很多人像比尔——包括我自己——容易被激怒，对于滥杀无辜，我们会勃然大怒。我们需要一种更平缓的脉搏帮助我们变得理性。梅琳达就是这种脉搏。”

正像她的夫君一样，梅琳达在完美的学术基础以及对技术的热爱之上构建了自己的职业生涯（实际上，比起她那个辍学的配偶，她早就名声在外，其才情及学术水平有过之而无不及)。但是,作为一名母亲和一名慈善家,她获得了人生最大的满足。让我们来细细品味一下她 2014 年在斯坦福大学对听众说的话:

> 乐观主义对于我来讲,不是消极地期待事情会变好;它是一种坚定的信念,那就是我们能够让事情变得更好——无论我们看见什么样的苦难,无论情况多么糟糕,如果我们没有失去希望,没有熟视无睹,我们就能够普度众生。

Enjoy the Trappings of Your Success

享受你成功的排场

钱多到荒谬的程度，可能让人困惑。

——比尔·盖茨对《花花公子》说，1994 年

在 20 世纪末崛起的一批技术亿万富翁使人想起 19 世纪出现的美国工业百万富翁。正如媒体巨头大卫·格芬在 1994 年《福布斯》提到的那样："时至今日，人们依然有可能成为范德比尔特、阿斯特、洛克菲勒。你依然可以成功，你可以成为比尔·盖茨。"在过去的 30 多年中，相对而言，美国社会充斥着富得流油的白手起家的超级富"翁"（因为他们大部分都是男人）。如果撇开慈善事业，盖茨选择了何种方式来消费他的财富呢？

他的大部分财富都捆绑在商业运营中，投资远远超越微软本身。盖茨是一位重要的投资者，举例来说，他涉足不同的企业，如汽车经销商和废物处理。他也是 Corbis 图库的创立者，这是一个庞大的图像资料档案库，等着数字图像的需求迅速上升时为他赚大钱。他还是一个为研究者设立的社交网站的重要股东，一个智库和风险资本公司的主要股东。此外，他还有大量的资金花在其他的事情上。

前文提到，他并非总是喜欢炫富。他当然也不总是光顾豪华餐厅。1994 年他告诉《花花公子》："我吃的麦当劳超过大多数人。就快餐以及对快餐文化的深度了解而言，我可有得说的。"在这同一次采访中，他解释了迄今为止不愿为自己买飞机的原因："为什么？因为你会习惯于那种东西，我认为这很不好。所以我是有意控制那种东西。这是诸多自我约束中的一项。一旦打破这种约束，我自己也会困惑。所以我力图防止这样的事情发生。"

不过到了 1997 年，他终于解除自己立下的不买私人飞机的禁令（即使他对垃圾食品的嗜好依然不减）。那一年，他给庞巴迪 BD700 全球快递飞机投资，一口气砸下 5000 万美金，毫不后悔。然而，飞机从来就没有像汽车那样对盖茨有用。甚至在学习开车之前，他就像活塞一样，能量勃发，跃跃欲试。早年在微软的时候，开车成为他的一种宣泄，一种让自己消耗多余精力和从连续几小时甚至几天的编码过程中解脱出来的方式。他对于不慌不忙地开悠闲车完全没有兴趣，而是渴望风驰电掣的速度。事实上，他获得了一连串的超速罚单（甚至有一次在汽艇里收到一张罚单），而且有一回在阿尔伯克基与一名交警争吵后被逮捕。

为酷爱一掷千金

盖茨总是乐意把一部分收入花在汽车上面。当他还是个学生的时候，他就已经拥有一辆橘黄色的野马了，他愿意一掷千金去得到最新款的男孩大玩具（指汽车）。他最早买的车里面就有一辆1997年版的德系名车保时捷911，该车把新墨西哥公路的宁静都破坏了。其他的保时捷系列也纷至沓来，包括一辆930涡轮增压汽车，一辆卡雷拉蓬式汽车和一辆959双门跑车，这款车当时只有330左右规格在生产。无论他在生活中其他方面如何节俭，一说到汽车，清规戒律就从汽车的天窗上扔出去了。

他因为开车而同法律发生的争吵并没有停止。他所有的车里面有一款保时捷959，促使盖茨一再敦促美国法律作出改变。这是一款有名的超级跑车，跻身于当时“在路上”的最先进的跑车之列（最高时速195英里，3.5秒后即可提速到每小时60英里），但是在美国，从技术上来说它是不合法的，因为它的事故率不明确。就这样，比尔的车子被美国海关扣押封存在西雅图港的仓库里长达10年之久。然而，盖茨与其他几个著名人物去游说白宫为此重新做一个评价，结果在1999年，比尔·克林顿总统修正了法律，以便某些收藏品汽车从现存的安全法规中得到豁免。据报道，盖茨开发了一个程序，模拟汽车的防撞性，来推动这个立法过程。盖茨拥有的车辆中还包括一辆法拉利348，一辆捷豹XJ6。众所周知，他还开过一辆雷克萨斯，一辆梅赛德斯，还有一辆更普通的小型货车。

其次，他有一份财产组合，以华盛顿湖房地产为主，构成家庭的主要住宅。从1990年破土动工，建设工期大约持续了7年（经常叫周边富有的邻居头痛不已，很不习惯对他们的居家环境进行这样大规模的破坏），盖氏住宅群占地面积足有6000平方米，有如“世外桃源2.0”，以极尽奢华而闻名遐迩，可以与奥森·威尔斯主演的经典电影《公民凯恩》当中的睡梦之乡相媲美（电影取景地在圣西蒙的威廉·伦道夫·

赫斯特城堡)。

内部装修由法国著名设计师蒂埃里·迪斯蓬特完成,其特色包括24间浴室,一间大到可以停放23辆小汽车的车库,一间可以坐100人的湖景餐厅,一个有20个座位的电影院,一间净空高达20英尺的蹦床房,还有一个私人船库。不足为奇的是,整个宅邸中尖端技术随处可见,真乃一个名副其实的最先进科技生活的试验场。客人一到便收到一个密码,确保他们的立体声器材在客人穿行于不同房间时播放客人喜爱的音乐,与此同时,高清晰电视屏幕播放着取悦客人高品位审美观的艺术作品。就在2013年,这套房地产估价为1.5亿美金。盖茨的其他不动产还包括在佛罗里达州的一处宅邸,设备齐全,竟附有一座超越障碍赛竞技场,同时还有一个未经证实的流传已久的小道消息,说他在中美洲伯利兹海岸不远的海中拥有一座私人岛屿。

他也不惜重金投资(某些专家认为买贵了)美国经典艺术作品。有人注意到微软直接或间接地孕育了大量居住在华盛顿州的亿万富翁,西雅图命中注定要成为一个文化名都,拥有的文化瑰宝可以与华盛顿特区、纽约和波士顿那样的大都市相媲美。盖茨涉足艺术市场的第一次重要尝试是在1996

年，当时他为安德鲁·怀斯1961年的作品《远方的雷声》砸下700万美金。两年之后，他为一件美国艺术作品打破纪录，以3600万的天价买下温斯洛·霍默1898年的作品《迷失在大浅滩》。他的私人收藏品中还包括威廉·梅里特·切斯的《托儿所》（他为此画支付了1000万美金）、施尔德·哈森的《鲜花的房间》（2000万美金）以及乔治·韦斯利·伯罗斯的《马球的人群》（2800万美金）。

他是一位狂热的收藏家，专门收集历史上的短时效藏品。他拥有艾萨克·牛顿和亚伯拉罕·林肯手上的原始文件。他手里还有一件稀世之宝，那是列奥纳多·达芬奇的莱斯特手稿。一本72页的笔记本，日期可以追溯到16世纪头10年，其中包含有盖茨心目中的英雄从天文到化石的各种思想和评论。1994年他支付了3080万美金拿下这个笔记本，此举在意大利人当中引起一片哗然，稀世国宝从此远离故土，令人心痛不已。但盖茨认为这只是一个反映世界性文化遗产的文件。"我记得有一天晚上回家，告诉我太太梅琳达，我要买一个笔记本，"他后来皱着眉头回忆说，"她认为这算不上什么大买卖。"

世界上最富有的人

> 我惟愿我不是……当世界首富不是什么好事情。
>
> ——比尔·盖茨如此评论自己成为世界首富，2006 年

自从 1917 年上架以来,《福布斯》杂志已成为超级富豪的圣经，并从 1987 年开始发布每年一度的世界亿万富翁排行榜。2015 年，比尔·盖茨继续待在榜首的位置，其财富估计达 790 亿美金。这是他连续第二年位居富豪榜第一名。他分别在 2009 年和 2013 年屈居第二，排在墨西哥商业大亨卡洛斯·斯利姆之后。2008 年，盖茨也排名第二，位居他的老朋友沃伦·巴菲特之后。但是在此之前，自 1995 年以来，他每年都是处在领先的位置。

根据某一基准，有几个历史人物比盖茨拥有还要多的财富。譬如，石油大王约翰·洛克菲勒在其鼎盛时期，拥有的财富等同于当年美国 GDP 的 1.5%。然而根据 2013 年的评估，盖茨的银行存款仅占美国 GDP 的 0.4%。不过，以美元

换算，截至本书写作之时，尚无一人可以与盖茨斗富争锋。

据说盖茨年轻时曾经发誓要在而立之年成为百万富翁。实际上他提前了好几年就如愿以偿。他一过而立之年（事实上是在31岁时）就变成了亿万富翁。此事发生在1987年，财富暴增是因头一年微软股票上市发行。值得一提的是，这是一个让盖茨非常纠结的举动。他顾虑，当股东们有权批评执行总裁做出的所有重大决策时，一个公司就更难管理，更难掌控了。此外，生意做得如此兴旺，公司不需要注资——而为了获得注资常常是上市的主要原因。但是他也意识到微软已经成长得过于庞大，难以像过去那样维持。此外，为了吸引和留住最有才能的雇员，让他们参股是很重要的。此举不仅给员工提供了金钱的激励，让公司获得尽可能大的成功，而且使得每个雇员在公司拥有个人股份，有助于把他们团结在一起。

不管盖茨有什么担忧，1986年发行股票为公司员工带来了经济繁荣。对于那些有耐心的持股人，其回报率极其惊人。譬如，在1986年投资10000美金的人，到1998年会发现其当初的投资已经增值到240万美金。有人估计，微软的首次公开募股，仅在几个月的交易中就造就了3个亿万富翁和大约 12000 个百万富翁。

盖茨本人在第一个交易日出售了相对少量的股票，仅仅赚了 160 万美金。不过，他保留了 45%的股权，价值在 3.5 亿美金。突然间，盖茨不仅是科技产业中的年轻翘楚，也是世界上最富有的国家里面 100 个顶级富豪之一。在 1987 年以前，他的股份已经超过 10 亿美元大关。随着财富不断上涨，到了 20 世纪 90 年代末，他终于成为世界上最富有的人——作为微软最大的持股人，他轻而易举地保持着这个地位，直到 2014 年第一次被他的接班人史蒂夫·鲍尔默赶超。

但是，有钱并不像大家想的那样好。根据帕斯卡尔·扎卡里在其《观止》一书所言，盖茨相信富人做任何事“都得不到太多的肯定”。如果有人知道这一点，那就是比尔。

Take Time to Reboot

花点时间重新启动

在我二十几岁的时候，从来没有忙中偷闲休息一天，一次都没有。

——比尔·盖茨在《每日邮报》上说，2011 年

不用说，比尔·盖茨从不害怕工作。诚然，这个在会议中睡大觉、不在乎一口气干上 36 个小时的年轻人是一个名副其实的工作狂研究案例。尽管当他上了年纪之后，没有什么人去指责他偷闲放松，但是，他还是想出了一个更加量化的方法去控制他的工作量。

正如我们看见的那样，从草创初期开始，微软就有令人感兴趣、甚至自相矛盾的工作和娱乐哲学。一方面，微软关爱劳动大军，不惜重金为企业员工提供现场休闲设施；另一方面，又有轶闻般的证据，表明微软期盼员工连续几周进行无法想象的长时间工作，那种时间长度只有最健壮的人可以承受。

盖茨就是这种矛盾冲突的化身。比如说,为了对抗马拉松式的编码苦差,就会自然而然地有穿越新墨西哥沙漠的观光自驾游。他也保持许多的爱好。他一直热衷于打高尔夫球。据报道在21世纪初期,他打过一场20岁年龄段让步赛的加时赛。他还是一位相当不错的网球手、游泳高手、溜冰者和滑雪者(滑雪亦滑水)。此外,他花费了相当的精力去提高桥牌技巧,尽管他的指导者巴菲特牌技遥遥领先。他还喜欢音乐,尤其是20世纪40年代和50年代的音乐类型。弗兰克·辛纳屈是他特别崇拜的歌手。当然,他还要确保抽出尽可能多的时间来陪伴他的家人。(顺便提一句,他的孩子明显是偶尔开玩笑地用崔维·麦克科伊和布鲁诺·马尔斯2010年的走红歌曲《亿万富翁》中的抒情歌词来奚落盖茨,歌中唱道:"我想成为一个亿万富翁,这么变态的坏/买下所有我从前没有的东西/我要上《福布斯》封面,运交华盖/从奥普拉到女王,笑口常开……")

所有这一切,听起来就像盖茨的工作与生活有一个极好的平衡。当然,他总是从他的奋斗人生中至少寻找一点"停机时间"。然而,很难确认他究竟何时在放松休息。他所采取的许多消遣方式与其说是一种生活休闲的象征,不如说是他对于在他醒着的时候尽量填充工作量的渴望。纵观古今，其过人之精力实属罕见。但是，他慢慢地认识到，他的生活方式需要一个调整——考虑到他的慈善事业已经占据了他很多个人资源。在本节开头引用了他 2011 年说的话，他继续说道：“……我依然狂热，但是现在我的狂热收敛了许多。”

像盖茨那样安排

自从微软在 20 世纪 80 年代早期繁荣兴旺以来，它的巨额利润就像涓涓细流，不断渗透到企业员工的身上，盖茨明白他需要考虑明智的措施来留住最好的技术骨干。为什么一些人即使已经挣到可观的报酬却依旧要劳心费力地长时间工作？他的答案之一就是提供延长的带薪休假，员工可以利用这个机会探究其他的兴趣——去周游世界，在社区工作，或者是纯粹休息放松身心。虽然盖茨总是知道在微软之外还有生活，但在当时他自己也很少尝到生活的乐趣。

所以，最后让许多观察家大为惊诧，盖茨做出他需要退居二线的决定。这个过程在2000年启动，当年他把执行总裁的宝座让给史蒂夫·鲍尔默(两个人都承认权力移交很棘手)。卸任之后，他成为公司的首席软件设计师。从理论上来讲，他正在退回到他最初热爱的计算机工程，虽然只有过于天真的人会相信他百事不管，完全让自己从公司的各种事务中脱身。接下来，在2006年的中期，公司宣布盖茨准备在2008年从公司日常的工作岗位上引退，从而集中精力从事他的基金会工作。2008年6月，在他创建公司33年之后，全职工作的最后一天终于来临。然而，好几位同事指出，盖茨的兼职实际上等同于其他人的全职。最后，在2014年，他也放弃了公司的主席职位——自从1981年以来他一直担任的角色。不过，这是盖茨风格的退休。就在主席职位从手中交出去的时候，公司又宣布盖茨担任萨提亚·纳德拉的技术顾问，他是鲍尔默的接班人，未来微软执行总裁的人选。"萨提亚尊我为师，我感到热血沸腾，"盖茨说，"这实质上增加了我花在公司上的时间。"

所以，盖茨依然保持忙碌状态，如果不是比以前任何时候更加忙碌，那就是要到世界各地去旅行，以增加他基金会工作的影响力，同时帮他白手起家的公司掌握航向。他从来没有搁起双腿休息的时候。然而,他已经调整他的辛劳程度,反映他新的优先事项,确保他步入古稀之年后依旧有足够的精力。无论如何,他不愿意生活节奏一下子慢下来。正如2008 年,面对自己相当了不起的成就,他轻描淡写地说道:“我不是那种坐在沙滩上看海的闲人。”

Read Like
Bill Getes

像比尔·盖茨一样阅读

在我童年的时候，我真的有很多梦想，而且我认为，那多半得益于我早年有机会博览群书。

——比尔·盖茨

人们普遍有一个广受争议的担忧，那就是由个人电脑带大的这几代人，五花八门的电脑娱乐内容已经使他们舍弃阅读这样的传统消遣方式。不过令人鼓舞的是，盖茨嗜书如命，是各类文学作品的惊人消费者。在他的个人博客（www.gatesnotes.com），他拿出大量空间来记录他自己的阅读，常常伴随富有洞察力的评论。最近几年，他也至少一年发布一份推荐书目。

他对读书的热情很早就开始了，正如1998年他在珍妮特·洛的著作《比尔·盖茨开讲》中所透露的那样："在成长的过程中，我的父母总是鼓励我们大量阅读和独立思考。从书籍到政治，我们无所不谈。"当他还是个小孩的时候，他如饥似渴地捧读埃德加·赖斯·巴勒斯的《人猿泰山》系列故事，而且他给自己派了一个任务——硬着头皮通读当时多达20卷的《世界大百科全书》。他还狼吞虎咽地浏览名人传记，探究像富兰克林·德拉诺·罗斯福和拿破仑·波拿巴这些伟人的生平。作为一个伴随阿波罗登月这一壮举长大并且天生热爱科学的孩子，他毫不奇怪地孕育了对科普作品的爱好——无论是虚构类还是非虚构类。

盖茨与书形影不离。整个成年时期，他每天努力挤出一个小时来读书，在周末花的时间更多。他也不是将自己局限于书本，每天还要读一份报纸，每周要看几本杂志，以开阔视野，了解从时事政治到最新电脑技术的话题。1996年，在《纽约时报》他的一个专栏中，他提到每年要安排几次“思考周”。在这些休憩的日子里，他买了很多书以及“同事认为我应该看看以保持领先状态的其他资料”，利用这些时间来重新获得能量，重新自我评估。

他对于书的选择，最好描述为兼收并蓄、博采众长。用他自己的话来讲：“我读了很多书，但是我并不总是在畅销书单里挑选书籍。”虽然他一点也不讨厌小说（格雷姆·辛溥生轰动一时的走红小说《罗茜的计划》在他太太的推荐下放上了他的书架），但他读的书大部分都不是小说，因为“我总想更多地了解这个世界是如何运转的”。必须承认一点，为了让天下的父母和老师感到慰藉，盖茨要证明阅读是他最好的学习方式。

当他在物色能够传授给他新知的书籍时，通常被扣人心弦的故事所吸引，尤其是那些有关人类智慧的书籍。举例来说，2013年，他高度赞美马克·文莱森的著作《盒子：航运集装箱如何使世界变小并且使世界经济变大》。或许这本书未必会赢得每个人的关注，但是盖茨喜欢此书是因为书中以真知灼见阐明了全球化、贸易和慈善事业的真谛。

他对于书的很多选择反映出他热衷于提出世界面临的重大问题和危机。所以，他读了许多完全不同的书籍，比如保罗·法默的《修复世界》，比约恩·伦伯格编辑的关于面对今天这个星球十大挑战的文集《如何花500亿美元让世界成为一个更好的地方》，杰弗里·萨克斯的《贫穷的终结》，史蒂文·莱维特和史蒂芬·杜伯纳的《超级魔鬼经济学》（根据盖茨的说法：“书里面我喜欢的东西之一就是揭穿很多经济学家所做的研究，他们用一己之词作为基本原理，声称人们在选择时没有理性。”）里昂·海瑟尔的《供养世界的男人》（一本诺贝尔奖得主、农业科学家诺曼・博洛格的传记）以及凯瑟琳・布针对现代印度贫民窟生活的研究成果、令人伤心落泪的《永恒美丽的背后》。

作为一个对于吸引自己的科目有快速自学能力而出名的人，盖茨也喜爱原始科学。有一本他始终抱有浓厚兴趣的书是《别闹了，费曼先生！》，这是一本叙述探讨盖茨敬爱的诺奖得主科学家理查德・费因曼功绩的书，其中包括他与阿尔伯特・爱因斯坦以及尼尔斯・波尔的相遇。20 世纪 70 年代由理查德・道金斯发表的经典著作《自私的基因》中有关人类进化的调查也对盖茨产生了深刻的影响。当盖茨第一次专心研究编码的时候，与他特别相关的书籍是一本史诗般的作品——由斯坦福大学退休教授唐纳德・克鲁斯撰写的《计算机程序设计艺术》。此书长达数卷，读起来艰深难懂，盖茨读了好几个月，总共才看完 20 页。1995 年他在《纽约时报》撰文说："如果有人自以为是，认为他们无所不知，克鲁斯将会帮助他们明白，这个世界是多么深奥，多么复杂。"

与此同时，我们知道最近一段时间，盖茨阅读的科学书籍包括《天气指南》和《傻瓜物理学》，还有沃尔特・格莱兹的核心著作《大分子：从尼龙到纳米管》以及卡尔・萨巴格的《以毒攻毒和其他科学怪异》。在流行的传记中，他读了沃尔特·艾萨克森的《史蒂夫·乔布斯传略》。同时，盖茨出于对网球的喜爱，选择了皮特·桑普的《冠军的心》和网球手安德烈·阿加西的自传《开球》来阅读。

2010年，在成就网的一次采访中，他透露出对约翰·诺尔斯《独自和解》一书的喜爱，他以“非凡的”这一词对该书加以描绘。此书于1959年出版，以二战为背景，是一本成年人读物。接着是美国经典主题的书，他是斯科特·菲茨杰拉德《了不起的盖茨比》的超级粉丝。他甚至将小说结尾处的话镌刻在他私人图书馆（该馆藏书丰富，至少有1.4万册图书和两个秘密书柜）的圆顶天花板上：“他经历了漫长的道路，才来到这片蓝色的草坪上，他的梦一定就像是近在眼前，他几乎不可能抓不住的。”

盖茨在任何时候都是“实干家”，不会满足于仅仅当一名读者，所以他很早也成为了一名作家。他与内森·梅尔沃德和记者彼得·林阿森合作出版了第一本著作——《未来之路》。他们分析了个人电脑的兴起，对当时初生的网络革命进行了反思。该书一举成名，据说企鹅出版公司为这本畅销书预付了250万美元的稿酬。盖茨抽出约四个月的时间来完成写作，他发现写书是一次真正的挑战，要求他全神贯注于思考过程，完善他的结论。“由于我自己亲自动笔写了书，现在我更加佩服那些著书立说的作家。”他后来这样感叹道。全世界的作者都体面地接受了他的赞美之辞，尽管他们仅仅梦想得到一笔额度只相当于盖茨所得稿费一小部分的预付款。由于第一次写书的经历还算顺利，1999 年，他写了第二本畅销书《未来时速》，审视商业与技术之间的关系。

一个新颖的视角

盖茨最崇拜的小说是杰罗姆·大卫·塞林格的《麦田里的守望者》，这个 1951 年的关于 16 岁少年霍尔顿·考尔菲德的故事现在被视为伟大的美国文学作品之一。盖茨评论道：“我直到 13 岁才开始真正阅读《麦田里的守望者》，从那以后，我就说这是我最喜爱的书。作者很聪明，他承认年轻人有点儿迷茫，但是对诸多事情相当精明，能够看明白大人们看不懂的事情。”以独到的眼光看待纷繁的事物，的确是盖茨长大后表现出来的一个特点，这点一直伴随着他的成年岁月，在他打入早期电脑软件市场的方式中得到最充分的体现。

所有这一切应该减轻那些怀疑在后微软世界里电脑与书籍不能和睦相处的恐惧感。的确,盖茨的有些发明让一代人更加乐意盯着屏幕看,沉迷于勇猛的城市枪战影片,或者假装某项运动的狂热爱好者,即使他们在现实生活中完全不能够掌握该运动,但是,盖茨自己却尽力来推广读书的价值。然而,就连他这位拥有一座壮观传统图书馆的人也不得不承认,手持一册纸质书籍而产生发自内心快乐的美妙时光将会终结。“数码阅读将完全取而代之。”2011 年,他撂下此话,“数码阅读重量轻,分享起来快捷美妙。随着时间的推移,它将接替纸质图书。”

盖茨最喜欢的商业书籍

> 这是我所读过的最好的商业书籍。
>
> ——比尔·盖茨评约翰·布鲁克斯的《商业冒险》一书

盖茨自己作为一个商业题材的客串作家,在 1994 年对《花花公子》做了一个奇怪的声明。在讨论另外花几年工夫上商学院深造是否会给有抱负的企业家带来好处的时候,他用手指了指他办公室四周的墙壁。身为引发现代商业海啸的重要人物,他规劝人们:"让我们来浏览一下这些书架,看看是否有商业书籍。哎呀,我们不需要任何商业教科书。"

毫无疑问,世界上最有钱的人都是在结束学习、积极投身商海后才发了大财。这一事实值得我们深思。无论教科书怎么说,盖茨改写了规则。他对《花花公子》说的那些话,不过是公司里爬到了成功顶杆的年轻人按照自己的情况所做的描述。显然,他的话未必完全靠谱。

事实是,我们知道,多年来盖茨阅读了大量的商业书籍,而且也乐于推荐其中一些好书。举例来说,他坦言自己是《经营失败的十条戒律》这本书的粉丝,该书作者唐纳德·基奥长期位居可口可乐与精品投行 Allen & Co. 上层。积 60 年之经验,他的书被认为是一本"轻松愉快的'严规戒律'读本"。盖茨对该书评论说:"唐(纳德)有一个特殊的才能,融经验、智慧、自信与自知于一炉。他的'失败十诫'教给你的商海取胜秘诀比一整柜书还要多。"

他喜爱的其他书籍包括阿尔费莱德·斯隆的《我在通用汽车公司的岁月》,这是一本由通用汽车执行总裁1963年出版的著作,一半是回忆录,一半是对有抱负的大亨们的悉心指导。盖茨曾经谈到此书:“如果你只想读一本关于商业的书,可能这就是最好的一本。”另外还有一本本杰明·格雷厄姆的《聪明的投资者》,该书对沃伦·巴菲特影响极深,所以巴菲特极力将此书推荐给盖茨阅读。

但是赢得最高赞扬的书是另外一本直接由巴菲特推荐给盖茨的书。真诚的世界偶像和昔日世界首富的正式认可最能促销你的商业书籍。结果是世界上另外一个临时的首富第一个向他推荐此书,你知道你要走大运了。这就是约翰·布鲁克斯1969年出版的文集《商业冒险》所遭遇的故事。在20世纪90年代初期,沃伦·巴菲特在两人初次见面后,给了盖茨一册旧书,于是盖茨邂逅此书。

不幸的是,布鲁克斯于1993年辞世,在他身后的2014年,盖茨在采访中高度赞美此书,可惜他再也不能坐享该书给他带来的再版利润。但是他的在天之灵一定会大受鼓舞,因为在该书第一次出版后的45年间依然受人欢迎。布鲁克斯曾经是《时代周刊》的主笔,作为《纽约人》的专栏作家声誉鹊起，他撰写的商海沉浮故事不仅受到西装革履的商人喜爱，而且也吸引大量普通读者的眼球。此书分析各式各样的公司丑闻，视角广阔，主题从施乐公司的崛起到福特汽车的严重失败，包含了许多富有洞察力的文章。盖茨谈到这本书时说：

> 布鲁克斯的著作是一个重要的提醒，即经营一个强大的企业和创造价值的规则并没有改变。首先，在每一个商业努力中都有重要的人为因素。如果你有一个完美的产品、生产计划和市场营销计划，这还不够，你依然需要正确的人选来引领和执行这些计划。

此乃微软创始人盖茨在经营管理公司多年后得出的宝贵经验。

Give Something Back

回馈社会

在捐款的时候，你必须像挣钱一样小心翼翼。你要确保捐款流向公益事业。因此，如果你花钱不过脑子，要不了一秒钟，钱就打了水漂。

——比尔·盖茨在接受《20/20 秀》的采访时说，1998 年

盖茨的父母向儿子灌输了一种强烈的公民与社会责任感，他的母亲玛丽一生中腾出大量时间来做义工。然而，盖茨在早期的生涯中，实际上只是小范围的做慈善工作。不过，微软作为一个公司，长期以金钱、设备和员工的时间与专业知识的形式参与资助慈善事业。

有相当长的一段时间，盖茨并未掩饰这个事实，他作为软件开拓者的工作是第一位的，“行善积德”的好事情得等一等。1987 年的《财富》杂志引用了他说的话：“我正处于下一个 10 年阶段，在此期间工作是我的主要贡献。拿钱资助其他事情的想法尚需时日。”5 年之后的 1992 年，他对同一杂志的记者给出了一个一模一样的长期展望：“也许从现在开始,10 年后我们会走得足够远,我将抬起头来,睁眼看世界。”他本质上是要有充分的自由,心无旁骛,打造一个商业帝国。

然而,到了 20 世纪 90 年代的早期和中期,他的思路有了明确的转变。他在公共场合关于慈善救助的频频发声折射出一个焕然一新、眼界开放的盖茨,与先前那个一心一意谋求商业发展的他判若两人。1994 年,他第一次正式发表声明以表心迹,宣告成立威廉姆· H. 盖茨基金会——此举是他迈入慈善界的第一步,基金会以他父亲的名字命名,老人家帮助经营该组织。

基金会的成立在很大程度上受到玛丽·盖茨的激励,就在那一年,她因乳腺癌而撒手人寰。她的身体力行对整个家庭以及他们回馈社会的奉献精神产生了极为深远的影响。让我们来回顾一下她的儿子 2007 年在哈佛大学发表演讲时说的话:

> 那天,母亲为我感到无比骄傲。她从来就没有停止敦促我要为他人多做奉献。在我举办婚礼的前几天,她特意主持了一个迎接新娘的聚会。在亲

友面前，针对婚姻方面的问题，她高声朗读了一封写给梅琳达的信。虽然我母亲当时身患癌症，病体难支，但是她看准了一个难得的机会，来传达兼济天下的思想。在信的结尾，她说：“那些多得的人，神亦会向他们多要。”

2006年，当盖茨宣布即将从微软的全职岗位上退下来时，他的最后感言几乎是全盘复制了母亲那悲天悯人的济世情怀。在那一时刻，面对一大群记者，他坦诚相告：

> 我相信，巨额财富与巨大责任如影相随：这是一种回馈社会的责任，一种务必使这些资源以最好的方法用于帮助那些最贫困人群的责任。

然而，如果1994年是盖茨华丽转身成为卓越慈善家的第一个重要的中转站，其实他尚未准备好全身心投入到他的新事业中。譬如，第二年在他《纽约时报》的一个专栏中，他似乎推迟了他的角色转换，同时也指出了在如何最佳使用财富的未知世界里面临的挑战。“聪明地花钱跟赚钱一样困难。”他说，“钱要花得有意义，这将是我今后人生的当务之急——假定我还有万贯家财亟待散去。”

不过到了1996年，他开始发表愈发一致的信息，他的意图似乎变得明确起来。他再次通过《纽约时报》透露了自己的想法：“最终，我将把我的大部分（钱财）捐献给我信仰的事业，如教育和人口稳定。”一年之后，媒体大亨特德·特纳将10亿美元的个人财富捐给了联合国，一时间美名传扬天下知，这迫使盖茨将此问题提上了议事日程。在特纳鼓动盖茨和其他超级富豪做出同样的善举之后，盖茨在电视节目《20/20秀》上接受芭芭拉·沃尔特斯的采访，回应此事：“当然啦，我的捐款与特德相比，将不分伯仲——并且还要多。”夸下这个海口要有些胆量，但是现在他已经做出承诺。

不过外界对此依然有一些不同反响。就在同一年，财经杂志《福布斯》的出版人里奇·卡尔加德注意到，盖茨将钱捐给旧的事业有所保留，他说：“尽管来自公众方面的压力很大，但是他没有把钱浪费在不值得做的施舍上。”与此同时，盖茨在微软接班人潜在人选的一份评论中几乎没有显示出很多热情来追求其他的花钱途径：“没有人能够让我对某一工作或活动感兴趣，所以我们面临那种挑战的可能性极小。”

尽管如此，1997年盖茨图书馆基金会向众多公共图书馆捐赠了两亿美元的资金和同样额度的微软软件——超过联邦政府当年对图书馆的投入。他将这些值得敬重的社会机构视为社会公平的代理机构，在图书馆里面知识与获取信息的路径就是至关重要的货币，他告诉《美国图书馆》杂志：“打我孩提时起，图书馆在我的一生中发挥了重要的作用。”实际上，这个爱书的人和嗜书如命的读者是继安德鲁·卡内基之后图书馆最大的捐赠者。

然而，令人惊奇的是，这不过是个相对微小的故事注脚，盖茨的使命是将他财富的一部分回馈给社会。随着他在2000年对慈善事业投入力度的加大，把盖茨视作美国资本主义消费主义偶像的公众，看法将不可挽回地彻底改变。2010年他对美国有线电视新闻网总结了自己的双重人生：

> 我一直非常幸运。我现在有两个绝对叫好的工作。年轻的时候，我编写软件，通宵达旦地挑灯夜战，你知道，梦想我要的个人电脑——我认为电脑对每一个人都特别重要。对我来说，那是最理想的事情。现

在我已经改弦易张，全力以赴为基金会做全职服务。你知道，我热衷倡导这些事业。我将确保我们基金会尽可能以最好的方式把钱花出去……我乐在其中。

Redefining Philanthropy

重新定义慈善

如果你相信每一个生命都有同样的价值，那么听到此番言论你一定会深感震惊——有些生命被认为值得拯救，有的生命则生死由天。我们对自己说：这简直是大逆不道，救人于水火是我们捐赠的优先安排。

——比尔·盖茨在哈佛大学毕业典礼上的演讲，2007 年

慈善总是一个不好拿捏的概念,但是应该被理解成某种与施舍有区别的东西。慈善的原文是希腊文,意思是“热爱人类”。然而慈善与施舍究竟有何不同呢?虽然慈善家总是慷慨解囊,出手大方,相比之下一笔募捐善款可能不过是一些小零钱,但是这还不仅仅是金钱的额度问题,从其他方面理解两者之间的区别或许更有帮助。比如说施舍是一种减轻问题症状的方法,而慈善则是解决根本问题的良方。个中差异就好比施舍恰如给饥民一条鱼吃,而慈善则是赠其装备和技术叫他自己捕鱼。

美国有一个珍贵的传统,实业家把他们的财富重新投资,帮助建设更加美好的社会。百世流芳的慈善群体中,就有将巨额遗产捐赠给社会的安德鲁·卡内基。盖茨本人则特别以约翰·洛克菲勒为楷模来激励自己。洛克菲勒(1839—1937)以开采石油发财,但是将大部分财富捐赠到教育、医学和科学研究领域——这是一种在盖茨自己的工作中能够引起强烈共鸣的方法。

如果在盖茨慈善之旅的途中出现过圣经里"大马士革时刻"那样大彻大悟的故事,那就是1993年他远涉重洋探访非洲——在扎伊尔(现为刚果民主共和国)的一次野外观兽旅行——与他事后很快结为连理的妻子梅琳达一道深入非洲腹地。当然,盖茨是接受过良好教育的人,在理论上对于世界上的不平等多少有些了解。但是,当身临其境目睹一无所有的极度赤贫时,他的观念从根本上改变了。

千千万万普通民众面临的艰难挣扎同样使梅琳达心痛难忘,她后来告诉记者,在回国之后,她向一位密友吐露心声:"非洲永远改变了我。"就在他们打道回府后的几个月当中,比尔和梅琳达认识到一些严重的问题。那些每年使几百万儿童夭折的疾病若发生在美国,则是可以被治愈的,这一点对夫妇二人尤其具有冲击力。在这一两年当中,盖茨的重点再也不能仅仅集中在微软的福利事业上面了。

随着他投身于慈善事业的力度不断加大，他也完善了他的指导思想。正像他在商业生涯中对企业的经营状况加以绝对控制一样，他也喜欢在慈善事业中拥有绝对的控制权。他把他特殊品牌的慈善称之为“催化慈善”，按照他的说法，是填补私人与公共部门之间的空白。

这并不是说他低估手中任务的分量。他明白个人兴趣和国家还有超国家的政府组织是解决很多他的基金会寻求应对的问题的关键——如果不是全部问题的话。作为一个与顶尖对手博弈的资本主义商业游戏的玩家，在竞争中成为最优秀的人或许毫不奇怪，他对私人资本的力量保持很大的信赖。“我真诚地相信资本主义的力量能够改善生活。”他说。不过，他也并不是对资本主义的缺点视而不见。2012 年他给《福布斯》杂志撰文，他说：

> 尽管私人部门在那些有支付能力的人当中干了一件满足人类的需求的了不起的工作，但尚有数十亿的人没有途径以影响市场的方式来表达他们的需求。所以，他们每况愈下……

在这同一篇文章里，他描绘政府如何“能够提供市场不能提供的服务，因而提供一个安全的网络”。此外，有些问题需要资源才能解决，即使像盖茨这样财大气粗的基金会也无法独自提供。从政府预算中增加数十亿拨款非常关键。然而，他意识到私人企业与政府都有对投资领域的限制，双方都担心对创新过度投入资金。在这个空白当中，他说，你兴许会“发现一个广阔的、无人涉足的创新空间，其回报定会美妙惊人。这个空白是一片沃土，我称之为催化慈善”。

不出所料，盖茨敢于承担最大的挑战。当初他着手计划把电脑带进千家万户，如今他心怀众生，万丈豪情不减当年。在这个世界上，有25亿人口每天生活费不足两美元（贫困标准），收入与健康、道德和教育机会直接相关，需要解决的问题多如牛毛。他和梅琳达在基金会网站上写道，“沃伦·巴菲特曾经就慈善事业给予我们重要的忠告：‘不要去做安全的项目，’他说，‘承担真正棘手的问题。’”

盖茨不失英雄本色，做出重要决定，准备突破前进路上的难关或失败。“我们不仅接受这些难关或失败，”他写道，“我们还期待它们——因为我们认为慈善事业极为重要的作用，就是在政府和企业不能作为的又有前途的解决方案上下赌注。”在他眼中,慈善家的作用非常简单,就是“将事情启动起来”。“对我而言,这是世界上最好的工作,”他坚称,“如同我曾经做过的那些令人兴奋又非常普通的事情一样。”他的方法是用如同经商式的有效率的方式来无私地探讨如何处理我们这个时代最严重的问题。盖氏作风已经永远改变了慈善事业的面貌。

比尔与梅琳达·盖茨基金会

> 我们的目标聚焦在帮助全球最贫穷的人和提高美国的教育质量。在全球卫生事业中我们花掉了一半家产。
>
> ——比尔与梅琳达·盖茨基金会网站

1994年,盖茨兑换了一些他的微软股票,旨在建立以他父亲的名字命名并且由他父亲帮助经营的威廉姆·盖茨基金会。在此之前有一段时间,老盖茨一直尝试以工作来化解丧妻之痛,所以就去评估寄给他儿子的大量各式各样的求助信函。基金会的建立让这一安排更加正规化。然后，到了2000年，小盖茨将该组织和其他的一些慈善股份合并成为"比尔与梅琳达·盖茨基金会"。截至2014年，它无疑是世界上最有钱的慈善机构，拥有420亿资产。此外，比尔与梅琳达·盖茨基金会制定了新千年的慈善实施标准。

基金会工作秉持一个不可动摇的信念——每个生命都有平等的价值。盖茨对于人类平等的信仰很大一部分要归功于他的父母，2008年，他在《查理·罗斯访谈录》中谈到他父亲在组织经营的方法上对于他的长期影响："我老爸通过他的所作所为树立了一个榜样……他是真正推动基金会运转的人，所以我老爸是个了不起的人物，我渴望能够发扬光大盖氏家风。"

用自己网站的话来说，基金会希望"帮助天下苍生过上健康、富裕的生活。"它与政府、商业企业和非政府机构一批合作者结成团队——为了应对一些艰巨的挑战：发展中国家的极端贫困、疾病肆虐，美国教育体系的失败。为了达到这个目的，基金会在认可的项目中精挑细选，集中精力消除影响人们改善生活的最大障碍。它也支持最好的风险项目，因为风险项目的成功会带来实质性的改变。所以，它不会给抗癌项目捐出资金，其根据是那么多钱已经慢慢渗透到那个领域，不管怎样增加拨款，其影响仍然是微乎其微。

考虑到盖茨的资产，人们期望基金会有兴趣资助解决问题的创新和实验方法。举例来说，它已经投资研发新技术帮助发展中国家的农民种植更多的粮食作物和赚更多的钱；投资研制预防和治疗致命疾病的工具；投资发明帮助学生与老师的课堂教学新方法。

基金会将总部设在西雅图，在华盛顿特区、阿布贾（尼日尼亚）、亚的斯亚贝巴（埃塞俄比亚）、北京（中国）、德里（印度）、约翰内斯堡（南非）和伦敦（英国）开设了卫星办事处。基金会有四大赠款项目：全球发展项目、全球卫生项目、全球政策和支持、美国项目。最后一个规划聚焦在教育工作的开展，而其他国际项目则寻求减轻饥馑和极度贫困以及努力消灭疾病的方法（主要是通过大规模疫苗接种计划）。

基金会做的年度拨款相当于美国整个援助预算的十分之一。2006 年，盖茨的朋友（一位基金会董事）沃伦·巴菲特许诺捐出价值约 340 亿美元的伯克希尔·哈撒韦公司的股份，一下就大大充盈了基金会的账户。基金会旗下的雇员超过 1200 名，自从成立以来到 2014 年 9 月为止，总共支付了

316亿美元的资金，包括2013年这一年投放到世界各地一百多个国家的36亿美元。为了阻止盖茨个人经济状况的大规模下滑，在未来漫长的岁月中，钱应该细水长流，不能竭泽而渔。他的意向是拿出95%的个人资产给基金会，条件是在他或者梅琳达身后20年之内花完所有的钱（不管谁最后离世）。

盖茨对该组织坚持采取他在微软时同一有力的管理方法。他为企业付出了大量精力，但是反过来他个人也收到了丰厚的回报。2009年他这样告诉《商业周刊》："我找到了使我热爱在微软工作的一模一样的魔法元素……我学到了新的东西。但是聚合顶尖人才，甘冒风险，想要那激动人心的东西能够脱颖而出——凡此种种都是以往和现在的工作中共同追求的东西。"挑战棘手的问题，寻求合理的解决方案，克服广泛的怀疑态度去完成使命，是他经商博弈和从事慈善活动的共同主题。

像任何一个有广泛影响力的机构一样，基金会也遭人诟病，这并不奇怪。投资项目受到多方检查，甚至还有人起诉，譬如，有人控告基金会支持具有不良环保记录和商业道德令人怀疑的公司。尤其是还有人断言资金已经投入到不愿以合理的价格向第三世界提供产品的制药公司。盖茨一一驳斥了这些不实之词。

然而,他真心承认偶尔的失策是不可避免的。2009 年他和梅琳达在基金会的年度简报里写道:“这种缺乏一种自然反馈循环的现象意味着我们基金会在选择我们目标的时候必须要加倍小心,并且当我们没有实现目标时要坦然面对。”在 2011 年出版的新书《与星星一起读书:一个图书和图书馆的庆典》(由 Leonard Kniffel 编辑)中,他承认,“你知道,在很多慈善活动中,事情并不尽如人意。”然而,基金会已经在短时间内引起真正永久性的改变,从美国创新图书馆计划到使成千上万甚至数百万生命免于夭折的接种疫苗项目。

正如盖茨突然出现成为技术世界的巨擘一样,他在慈善领域也是干得风生水起,美名远播。慈善界的专家迈克尔·爱德华兹对此做了评论:“慈善机构几乎失去了自身的影响力;对形势过于悲观……盖茨提供了一个乐观正面的故事。他是其他慈善家的楷模,广散家财,大爱无疆,堪称天下第一。”

Creative Capitalism

创造性资本主义

不管一个人有多么的自私，他的本性中明显地存在一些原则，使他关心别人的命运，并使别人的幸福对他有意义，尽管他并不能获得什么，但看见他们幸福他就感到满足。

——亚当·斯密《国富论》，1776 年

2008年，比尔·盖茨在瑞士达沃斯颇具影响力的世界经济论坛上发表演讲，阐述了他的“创造性资本主义”，即最有希望成功克服他的基金会面临的许多挑战的一种新理论。其核心部分是公共、私人和非盈利部门齐心协力（与经典的美国资本主义模式做一个重大的分离）建立一个制度，回馈那些为根除世界疾病而不遗余力的人。他告诉达沃斯的听众：“这种关注自身利益和关心他人的混合动力能够更大范围地服务人民，其广度与深度为自私自利者所望尘莫及。”

这一观点多半要归功于现代经济学之父——亚当·斯密的理论——其里程碑式的著作《国富论》特别信奉这一观点。盖茨解释道：

> 有些人会反对这种基于市场的社会变革，并且争论说如果我们将感情与私利结合，我们将不能扩大市场的范围，而是削弱了市场。创造性资本主义将对其他人财富的兴趣与我们对自己财富的兴趣联系在一起，从而促进双方的共同发展。

这些话语出自纯粹的美国资本主义偶像之口，影响力极大——一个白手起家，最后成为全球首富的人——一位自认的资本主义模式的信徒。譬如，辛西娅·克罗森 2000 年的著作《富人和他们如何致富的方式》一书中引用了盖茨的这番话："人们低估了资本主义可以多么有效地让最成功的公司感到紧张。"听到他说现金激励并非解决所有社会问题的良药，着实令人感到吃惊。"当商业力图为赤贫的人群服务时，利润就不再总是有保障了。"他说。他暗示实际上市场能够推动社会改革，不过不能以单纯的利益驱动为基础；公司能够获得益处，可能不是立竿见影的金钱回报。"在这种情况下，"他继续说道，"还需要另外一种以市场为基础的激励手段——这一激励就是公开表彰。社会的认可与表彰增强了一个公司的荣誉感，而且可以招徕顾客；更重要的是，它能够吸纳优秀人才到组织里来。”

他对“创造性资本主义”的信奉继续深入到知识产权的专有领域，由于区分与资本主义息息相关的私利和追求社会公益的界限模糊不清，这一观点具有争议性。对他批评最激烈的人甚至指控他本身就是精心设计的阴谋的一部分，依靠这一阴谋，发达国家的精英通过保护他们的专利，以及以高昂的价格许可急救药品和种植技术的输出，将发展中国家置于他们的控制之下。这一类指控可以安全地在“偏执狂”的名目下归档。当然，盖茨承认无论什么领域，从他自己的软件开发到药品研制和谷物栽培，其研发费用都是相当昂贵的。正因如此，凡是从事研发的人理应得到回报。

虽然科技的进步已经改善了世界上每个人的生活（盖茨特别对生物技术水平继续上升的潜力有巨大的信心），改善的广度和速度是不平等的。诚如盖茨所言：“最不贫困的人看到了最多的改善，最贫困的人看到了最少的改善，尤其是那些每天生活费不足一美元的人。”他概括了以下部分原因：

> 一个国家无论穷富，受到疾病影响的时候，涓滴效应最终将作用于穷人，因为发展的高成本在富

> 裕国家得到弥补,然后当富裕国家放弃专利,将专利以边际成本出售给穷人,每个人都可以获利。

这就是说,经典的资本主义模式确保最贫穷的人在所有人之后获利。盖茨的构想是创造性资本主义将帮助抑制这种不可接受的延迟。他的紧迫感表现得很明显:“我是一个乐天派。但是,我是一个没有耐心的乐天派。”

Bring Your celebrity to Bear

善用名人效应造福世界

我必须承认，我并没有优先考虑这件事。

——比尔·盖茨在听说波诺想去见他时如是说

比尔·盖茨没有因为他伟大的个人魅力而以传统的方式出名。有人曾经问过约翰·列侬，林戈·斯塔尔是否是世界上最好的鼓手，据称他回答说，斯塔尔甚至连甲壳虫乐队的最好鼓手都不是。如果是问史蒂夫·乔布斯这个精怪，八成也可能同样会说盖茨甚至连网络极客首席执行官里面最有魅力的人都不是。但是，即使这都是真的，他却总是信心满满地接受公众人物这个角色。

尽管他从来不能让一次软件发布现场充满像乔布斯带来的那种摇滚式热辣的期待感，但是，每当一谈到世界上真正大的挑战，他总是清醒的、深思熟虑的、使人信服的。出于对基金会工作的考虑，他热切地巧用自己家喻户晓的知名度，定期地利用令人艳羡的电话号码簿，向在联合国这样最大舞台上能够推动和影响世界的人喊话。

盖茨在讨好名人的时候感觉如何，外界一直不太清楚，但是，不论在什么地方，只要这样做能够帮助他达到目的，他就心满意足了。首先，他知道名人可以引起媒体关注，而媒体关注则带来影响力。所以为了支持穷人和弱势群体，他利用了名人效应（他自己本人和其他社会贤达）。譬如，在他2011年的年度信函中写到世界经济因毁灭性经济放缓的影响而惊魂未定，他说："世界上最穷的人不会拜访政府领导人，陈述真实情况，所以我要帮助他们上达舆情。"

毫无疑问，在盖茨的一生中最大的和最有影响力的"名人交情"是他与沃伦·巴菲特的友谊。然而，或许近年来最具魅力和占领传媒头条新闻的是波诺——U2乐队的领衔歌手，各项事业，尤其是消除非洲贫困和艾滋病运动的事业的长期活动家。他们共同荣膺2005年《时代周刊》"年度人物"的桂冠（梅琳达亦获此殊荣），有力地证明了他们的合作是强强联合。

在理论上，盖茨与波诺似乎不可能成为合作者，他俩的合作也确实在开始的时候并不被看好。波诺是主动开启两人交往过程的人。他早已认识保罗·艾伦,请他代为引荐。当他的请求没有立刻得到回应时,这位歌手以为是艾伦有意躲闪,不肯帮忙。实际上,艾伦已经把话带到,只是盖茨并不热心,认为艾伦谈论的是雪儿的前夫索尼·波诺。

不过,当这两人最终得以谋面,他们立刻一见如故。盖茨曾回忆他们初次见面的情形:"我大感惊讶,他对自己所从事的事业、正在做的事情非常了解,有付诸实践的真正使命感。这是非同寻常的。此后,我们成为莫逆之交。"在另一方面,波诺公开说过:"如果没有盖茨基金会,我根本就无法干我想干的事。"

大爱无疆

盖茨用他的一个计划(一场国际运动和一个超过600万人支持的倡导组织,共同行动消灭极端贫困和可预防的疾病,尤其是在非洲大陆)和红色运动来支持波诺。后面这个项目有大牌国际公司加盟,如匡威、阿玛尼和盖璞,将他们的随后利润的份额捐献出来。此举成功地募集到好几亿美元,用于为艾滋病患者购买药品。有谁能想到一个摇滚乐歌星与一个计算机天才会组成这样一个迅速见效的强力团队呢?

盖茨也意味深长地影响了波诺做慈善的一套方法。2013年波诺对《福布斯》杂志谈起他尤其喜欢深入探查有关全球性问题的事实和统计数据,他说:

> 我就是假装比尔的人。我是爱尔兰人。我们不让情感过多地支配理智。你正在体验某些情感,可以说剪不断,理还乱,此情长长无绝期。我正在学习做一个以证据为基础的活动家,杜绝夸夸其谈,发现什么奏效,什么不起作用。我不是出自那种嬉皮士传统的人,会唱"让我们手拉手,世界将变得更美好"。我的东西更像朋克摇滚。实际上,我喜欢数学。数学才是极好的!

然而,或许盖茨在名人与慈善家的双重身份中最重要的尝试就是"捐赠誓言",这是他与梅琳达和巴菲特共同开展的一个计划。这个措施专门针对亿万富翁,旨在同时带来巨大的财富和不可避免的高知名度形象。誓言的宗旨植根于巴菲特的承诺——要把他99%的资产捐给公益事业，盖茨的誓言紧随其后，捐出多于95%的资产。

凡是在誓言上签字的人——全部都是亿万富翁或者是准亿万富翁，如果现在没有拿出慈善捐款，许诺将要捐出50%甚至更多的资产给公益事业。虽然誓言不能代表一份法律合同，却是一个道德承诺，无人敢于轻易起誓。“捐赠誓言”于2009年在纽约洛克菲勒大学的一次晚宴上由大卫·洛克菲勒代表盖茨一家以相对秘密的状态发起，发起人的嘉宾名单包括前纽约市长兼商人迈克尔·布隆伯格，华尔街金融家乔治·索罗斯、泰德·特纳(盖茨早期的挑战者，他的爱好就是凡事要回报)和多才多艺的脱口秀主持人奥普拉·温弗瑞。

这个活动在2010年公诸于世，到2015年元月截止，据报道共有128人为“捐赠誓言”郑重承诺，庄严地签下了自己的大名。其中就有脸书(facebook)创始人马克·扎克伯格，他年仅23岁就成为亿万富翁——这一成就让盖茨看起来像个积极的懒鬼。考虑到他们人生轨迹的相似性，扎克伯格跑去请教盖茨关于如何最好地着手实施他的慈善计划。盖茨欣然接受这一辅导教师的角色。这是另外一个名人联盟，可能为这个广阔的世界收获非同寻常的回报。

Philanthropic Aims:
Providing Education and Equality of Opportunity

慈善目标：提供教育与机会均等

钱多得超过了一定数额，对我就毫无用处了。它的用处就是成立一个组织，向世界上最贫穷的人散尽家产。

——比尔·盖茨在《每日电讯报》上说，2013 年

用小说家乔治·奥威尔的话来说，在这个世界上有些人比其他人享受更多的平等。有种说法称，我们当中最富有的人目睹了财富和机会的不平等造成的两极分化，为此深感震惊。盖茨为跨越这些鸿沟做出的贡献在2007年哈佛大学毕业典礼致辞上表现得光芒四射：

> 人类最大的进步不是什么发现，而是如何运用这些发现来减少不平等现象。不管是通过民主、强势的公共教育、优质的卫生保健或广泛的经济机会的哪一种手段，减少不公平才是人类最高的成就。

这一贡献以多种方式精彩呈现。譬如,他的基金会是一个不知疲倦的活动家,为世界各国每个家庭的成员都能接受优质的教育而不懈努力。基金会相信,这是一个基本人权。在此期间,基金会努力向发展中国家的农民提供技术和工具以提高他们的效率,让他们能从劳动中获利更多。它也是一个金融普惠联盟的忠实可靠的支持者,该组织的目标是向全世界目前尚无银行账户的广大民众提供金融服务。譬如,通过移动电话技术,希望世界上最贫穷的人可以享用金融服务,使他们能够负担得起像医疗保健这样的必需品,大多数人都会更好地管理自己的钱财。

所有这些措施的设计出台旨在减轻出生在第三世界里的人所面临的天然不利条件。但是盖茨确信,教育是实现公平竞争的关键。此外,他专心致力于推动美国国内教育机会的平等,一视同仁,与学生的经济和社会背景无关。所以当得知他从哈佛"辍学"的故事广为流传,经常被人拿来说事时,他感到非常受挫。1996 年他在《纽约时报》发表文章,他说:

> 听到年轻人说他们不愿意上大学,因为我都没有毕业,这让我很担心。首先,我也得到了相当不

> 错的教育，即使我没有在大学待到足够长的时间拿到学位。另外，这个世界年复一年的竞争越来越激烈，越来越专业化，而且越来越复杂，使得今天的大学教育和以前的中学教育一样重要。

当他的母校授予他荣誉学位时，他非常理解这个令人啼笑皆非的命运之嘲弄：“我苦等了三十多年，终于能够说这句话了：‘老爸，我总是跟你讲，我要回去拿我的学位。’”好像是要强调，在他离开学校去追寻其他机会之前，他实际上一直是个兢兢业业的学生，他还说，“我过去经常去旁听许多我都没有注册的课程。”

与他对教育力量的信念一致的是对年轻人探索潜力的坚信。因为心中有此理念，他在《纽约时报》另一个专栏里主张，他坚信儿童应该接受完好的基础知识教育：

> 我是持有这一观点的人之一，认为孩子们应该用铅笔和纸来学习如何做乘法，哪怕有计算器可以替他们做题。与此同时，我毫不怀疑，计算机可以帮助孩子更多地开发他们的智力潜能。

20世纪70年代和80年代,作为软件行业里的一名青年才俊,他确信,年轻不应该成为取得成就的障碍。“我年轻的时候,不知道任何资深长者,”2010年他告诉《连线》杂志,“当我们进行微处理器革命的时候,没有人上了年纪,干活的都是年轻人。”他悲哀地继续指出,“真是不可思议,这个行业怎么就变老了。”但是他渴望帮助年轻人,这种渴望反映在1994年《新闻周刊》上他对迈克尔·迈耶说的一句话:“年轻人更愿意学习和想出新点子。”

盖茨并非没有意识到他得到的各种机会是作为出生在20世纪美国一个相对富裕的家庭的结果。“我是这个国家愿意让年轻人冒险的一个巨大受益者。”2009年他在哥伦比亚大学对一群听众说。像他这样白手起家,他总是记得要感谢好运气;而且值得赞许的是,他渴望把同样的机会广泛地赠给其他人。

Philanthropic Aims: Combating Disease

慈善目标：与疾病作斗争

一个找不到有效治疗方法的疾病就是一个未解之谜。

——比尔·盖茨在《纽约时报》上说，1996 年

说一千道一万，如果有一天机会来临，一个人却没有健康的身体去领受这个福分，任何机会都变得一钱不值。正因如此，盖茨基金会的另外一个伟大改革运动就是与疾病作斗争——特别关注那些毁坏发展中国家的疾病。相比之下，这些疾病很难侵害世界上最富裕的国家。2005年，他发表了下面的使命宣言：

> 全球健康是我们终生肩负的义务，在我们能够减少穷人的生存压力，以至于我们与他们之间没有真正的鸿沟之前，这将永远成为我们的首要任务。我尚不至于愚蠢到那般田地，说此事一定会实现。

但是,这是我们为之奋斗的目标。

为了获得一个成功的机会,他与各国政府、国际组织和制药公司建立了亲密的关系,坚定地捍卫基金会,防止其他实体因合谋而发生的越轨行为。此外,他采取合情合理的方法来支配基金会的资助款项,总是考虑每项投资的回报——换句话说,就是在什么地方他的钱能够产生最大的影响。如果这样的考虑听起来有点冷血的味道,也应该记住,基金会比其他很多慈善组织(更不用说政府)敢于力挺更大风险的企业,他和董事们确信他们一定能够成功。基金会的运作方法在2005年的一份声明中得到披露:“我们已经与排名前20名的致命疾病展开较量;每做一件事,我们都要审视每条获救生命的代价,关注情况改善后的真实结果。”

考虑到疟疾是一个专门影响贫穷国家的疾病,所以它自然而然就成为首选目标。西欧在20世纪30年代末期摆脱了疟疾的危害,美国被认为是在1951年消灭了疟疾,然而在2012年大约有270万人饱受疟疾的折磨,其中有62.7万人被夺去了生命。不低于90%的病例发生在撒哈拉以南的非洲,有77%的患者为5岁以下的幼童。但是总体情况并非完全没有希望。在2000年与2012年之间发病率下降了25%，死亡人数下降了42%，这一可喜的成就主要是在诊断、治疗和预防等方面进行投资的结果。

这不啻于一种挑战——与一个凶险和致命的疾病搏斗，但是也有突袭并且战胜它的希望——基金会的设计就是准备大有作为。基金会已经满腔热忱地尽心尽力，筹措到大约20亿专门资金，同时还拿出16亿给抗艾滋病、结核和疟疾的“全球基金会”。事实上，艾滋病是基金会的另外一个主战场。除了在发达国家的重要影响力，基金会正在促进一些发展中国家的改变，尤其是非洲撒哈拉沙漠以南那些饱受疾病蹂躏的国家。譬如，在2013年，估计有3500万人带有人体免疫缺陷病毒或艾滋病，其中2500万生活于该地区。正因如此，比尔与梅琳达·盖茨基金会到目前为止已经为正在进行的抗艾战斗投入了25亿美元。

然而，该组织并没有止于与这些“谈虎色变的大病”做斗争，另外还实施了一个定制的计划，即与不受人重视的传染病做斗争。到2015年为止，这个计划把目标锁定在18种影响这一地区10亿民众的被人忽视的传染病。在每一个病例中，基金会相信与疾病斗争的战术，包括大规模药物配给、公共卫生监督和矢量控制(换言之,管控能够传播许多疾病的昆虫和蠕虫),能够真正减轻这些疾病的发生率和危害。

在这些情况当中,基金会与之较量的疾病有盘尾丝虫病(河盲症)——一种由寄生虫引发的疾病。虽然在西方新闻界鲜有提及,但是这种病每年要影响1800万人口,尤其是在非洲和南美洲。其他锁定的疾病包括登革热、日本脑炎、人乳头状瘤病毒、内脏利什曼病(黑热病)、钩虫病、麦地那龙线虫病(几内亚龙线虫)、淋巴丝虫病(象皮病)和非洲人类锥虫病(昏睡病)。

遥想当年,年轻的盖茨壮志凌云:让每一张书桌上都有一台电脑。暮年的他却蕴育了一个更加宏大和无私的梦想——普度众生,拯救千千万万老百姓于水火之中。

与小儿麻痹症做斗争

> 实际上,你可以对付一种疾病,然后完全摆脱它,就像我们正在对付小儿麻痹症一样。
>
> ——比尔·盖茨在《每日电讯报》上说,2011年

很有可能，盖茨的最伟大的成就是在世界上一劳永逸地消灭小儿麻痹症的壮举中发挥重要的作用。在 1988 年，小儿麻痹症大约是 125 个国家的地方流行病，使得每年 35 万人瘫痪，绝大多数为儿童。这一年发动了“全球根除脊髓灰质炎行动”，实现一个免疫计划，使发病率几乎下降了 99%，其成效令人难以置信。在 2012 年，根据报道，全世界新增病例不足 1000 例，更可喜的是有一个里程碑式的宣布——印度已经成为无小儿麻痹症国家——许多人认为这是一个不可能实现的雄心壮志。今天这一疾病仅仅只在 3 个国家流行：阿富汗、巴基斯坦和尼日尼亚。

千万不要小觑这个成就。在人类历史上，传染病只有一次通过有目的的人为干预而被消灭——天花在 20 世纪 70 年代被终结。很多机构在与小儿麻痹症做斗争的事业中起了很大的作用，盖茨的基金会则是其中最重要的机构。带着完全根除疾病的喜悦，盖茨 2013 年宣布计划，在之后的 6 年中将花费 20 亿美元把这项工作进行到底。

这是一个工程，调动着盖茨与生俱来喜欢解决问题的天性，然而，成功不再是可预知的结论。举例来说，2013 年，索马里和遭到战争蹂躏的叙利亚出现了大量的新情况，在那里严重疾病的爆发很难控制。更有甚者，盖茨还要面临政治反对派对他的阻挠，尤其是在巴基斯坦，有些伊斯兰团体提出疫苗接种计划是西方的阴谋，其目的是让世代繁衍于此的固有人口断子绝孙。

尽管如此，盖茨对于各种可能性依然保持乐观的态度。2013年他告诉记者尼尔·特戴尔："小儿麻痹症非常特殊，因为一旦你将其消灭，你就不会再在它身上花钱；这个病存世至今，犹如上帝赐予我晚年的一个礼物。"他并不打算就此止步，他坚持认为："结束小儿麻痹症这件大事的好处，在于我们可以腾出资源来应对疟疾和麻疹。"

盖茨以寻找计算机的故障开始他的人生之路，然而，根除小儿麻痹症，看起来将会是他一生当中真正最大的故障修复。

Gates and God

盖茨与上帝

我对宗教价值观深信不疑。

——比尔·盖茨在电视节目《20/20 秀》上说，1998 年

来自一个信奉非传统宗教的国度，会让人感到忧伤。不知出于什么原因，盖茨很少谈及他的个人信仰。此处援引一段他在《20/20 秀》采访时的谈话："我生长在一个宗教氛围浓厚的家庭。我的妻子和我坚定不移地相信要以宗教信仰为指引来养育孩子……就信仰而言，你知道，有关上帝的深刻问题，我以为，这不是我个人能够回答的。"

当盖茨还是一个孩子的时候，他去西雅图大学公理联合教堂参加礼拜，我们知道他能够背诵"登山宝训"，但是这是一个激励性的成果。他也说，如果出门在外，手头没有其他文本可读，他会习惯地读放在酒店房间里的《圣经》。然而，所有这些都不能证实宗教信仰的虔诚。事实上，在 20 世纪

90年代,他发表过几次声明,暗示他之所以对宗教持根深蒂固的怀疑态度是由于宗教缺乏具体的证据基础(他承认有些东西就存在于任何信仰当中)。所以,举例来说,1997年他告诉《时代周刊》:“单从时间资源的分配来看,宗教不是很讲效率的。在一个星期日的早上,我可以做很多事情。”

然而,他一直总是有些不情愿排除上帝与我们同在的可能性。当《时代周刊》问他是否信神时,他回答道:“这是有可能的,你永远不可能知道这个世界存在的唯一理由就是为了我。假如果真如此,那太好了,我的一切都会非常顺利,我必须承认有神明庇佑。”两年前,他告诉大卫·弗罗斯特:“从做事来讲,对于事情为什么发生与它们如何发生,我采取了相当科学的方法来思考。我不知道是否有神的存在,但是我认为宗教的原理是非常有效的。”在同一年,他告诉主持人拉里·金,他承认科学与宗教之间有一种潜在的互相交叉:“即使我不笃信宗教,我对于人类大脑感觉到的惊愕和奇妙,更近于对宗教的敬畏而非不带感情色彩的分析。”

此外,还有梅琳达的影响,她在家庭的影响下成长为一名天主教徒,一直恪守信仰,即便当她因为支持在发展中国家实施计划生育而与罗马教廷发生冲突时也是如此。与此同时，盖茨在2013年接受尼尔·特戴尔的采访时，说到了与巴基斯坦当局坐下来谈论小儿麻痹症接种计划一线工作人员的安全问题。他描绘那些工作人员为“为上帝代劳的女人”。

到了2014年的时候，他接受了《滚石》杂志一个广泛话题的采访，他坚决保持中立。然而，他明显地不愿意完全不予考虑在他一生中上帝的存在。譬如，他描写反对全球不平等的斗争是根据道德运动和“某种宗教信仰”来解释的。他还说，“我认为宗教的道德体系是极其重要的。我们以宗教的方式抚育儿女。”当有人直截了当地问他是否相信上帝时，他说：

> 我同意理查德·道金斯(牛津大学动物学家)这些人的观点，人类感到有创世神话的需要……现在科学已经占据了某些领域——并非全部——那些领域以前由宗教占据。但是世界的神秘与美丽令人不可抵抗地感到惊异，对于世界是如何产生的，没有任何科学的解释……我认为相信上帝是有意义的，但是，会不会因为这一点你就恰好做出了截

然不同的决定,我不得而知。

随着晚年的到来,盖茨或许比以往任何时候都不确定,是否有什么人会在他的人生临近尾声的时候来见他。然而,他确乎是因为这一理念而心安理得,宗教信仰为那些依然在这一领域艰难行进的人提供了一个有用的道德框架。

The Gates Legacy

盖茨的“遗产”

遗产是一个愚蠢的东西。我不要遗产。

——比尔·盖茨在《每日邮报》上说,2011 年

或许人们认为，盖茨是因为谦虚，才坚持说不在意人们如何铭记他的善行义举。但是他在几个场合真诚地重复他的不在意的观点，证明这并非出于谦虚。譬如，1995 年，他告诉《华盛顿邮报》说：“我没有什么特别的想法想让人们如何了解我。我从来没有写下表明心迹的任何文字，想要人们如何怀念我。”

当有人老调重弹，又问起这个问题时，他有时会自嘲式地幽他一默。2008 年他告诉美国有线电视新闻网：“谁知道历史会如何评价我？你知道，那个与沃伦·巴菲特打桥牌的人或许会知道。也许根本就没有人来评论我。”与此同时，在记者卡洛琳·格雷厄姆的一次采访中，他讲了本节开头的引语，并说："假如人们看到因为我们的投资，儿童死亡人数从每年的900万下降到了400万，他们会为之惊叹的！"有人怀疑盖茨越成熟，越不会在意他个人的声誉，反而越会关心在他离世时是否具有和他出生时一样健康的状态。不过，实际情况是在实现目标的路上，发财致富，行善的结果是鱼与熊掌兼得。

虽然盖茨微软事业的繁荣不容置疑地源于对赞美和经济成功的渴望——至少部分原因如此，他绝不是那种过分在意别人怎样看的人。总而言之，他几乎没有时间去回味过去的成功，他也多少有点愤世嫉俗。此外，长期生活在公众眼光中的岁月，使他怀疑人生道路兴许可以转折变化，以适应其他人的议题。就像1999年他告诉《新闻周刊》的那样：

> 当有人功成名就，人们就急于找出一些说得通的简单解释。所以你就捕获到这些讹传。人们喜欢听些花絮故事。是啊，我很紧张，我充满活力，我想弄懂我们的市场定位在哪里。但是，到时候就变成这样——"极端竞争者"。这样的结果会有几分丧失人性的味道。我一读到相关报道就会说，"我

不认识那个家伙。”

盖茨真乃人中鬼才，虽然眼光总是盯着下一步要实现的目标，他真的似乎生活在当下。老想着当他百年之后其他人怎样看待他，只不过会分散精力，影响这个更重要的事情——即最有效地利用现在。当他全力以赴，乃至有时不择手段地追求目标的时候，他也有幸得到与之俱来的生活乐趣和乐观主义。正如他在《未来之路》一书里说的：“我以为这是活在世上的一段美妙时光。从来没有这么多的机会去干一番事业，在以前那都是不可能的。”

两年后，也就是1997年，他在《纽约时报》的一个专栏里讲到了这个话题：

> 科幻小说启发我们，有一天星际飞船会装满几百人，花费几代人的时光飞往某个恒星……也许会有这一天，但是我不会搭乘那条船！我脚踏实地定在这里。我们有湖泊，我们有江河，我们有山脉。与我们周边花很少光年的能够去的地方相比，地球真是妙不可言。

遗产在他心目中并非举足轻重，毫无疑问这是一件好事，因为一旦我们走了之后，这个世界如何悼念我们，是一件我们当中任何人都无法掌控的事情——甚至连盖茨也不能。但是，由于他在人生的最后阶段的华丽转身，历史似乎极有可能会对他好评如潮。他绝对不是第一个在商界显身扬名并且发家致富，然后作为慈善家开创第二人生的人，但是100多年以来，没有一个人像他那样风光地做慈善。盖茨现在受人敬重的证据来自于一次由总部设在英国的“舆观调查网”2015年年初为《泰晤士报》所做的民意调查。差不多有来自全世界13个国家的14000人被问及他们最崇拜的人。盖茨作为不可置疑的获胜者脱颖而出，其亲和力与受欢迎程度赢得了10.1%的选票，领先于得票率9.3%的巴拉克·奥巴马。没有人在民意调查中有超过4%的支持率。

当我用Windows电脑的Word文档打完这最后几个句子时，人们很难记起以前的那个时代——盖茨的产品还没有影响到我们每天的日常生活。我们乐见他的数十亿资产将惠及和改善世界上千千万万最贫穷人口的生活质量，这一惊世善举就是一个人辉煌人生的充分说明。毫无疑问，这的确是一笔光耀千秋的遗产。

An Afterword by the Translator

译后记

全球首富比尔·盖茨是个大名鼎鼎的人物，从某种意义上讲，他改变了整个人类的文明进程。对我而言，虽然他远在天边，但冥冥之中似有天意，让我们通过文字有了一种精神邂逅，其人其事萦绕脑际，陪伴我走过2016年。这一年，我潜心翻译《像比尔·盖茨一样思考》这本书，不停地在中英两种文字之间解码编码，在中美两种文化之间穿梭跨越，通过精神的交流碰撞，迸发出心灵的火花。

那是2016年2月，在武汉出版社的咖啡厅里，我端起一杯浓香四溢的热咖啡，接过该社从英国引进的原版新书，一时间忧喜参半。喜的是人家重视，请你担纲翻译；忧的是翻译犹如烫手山芋，译好谈何容易，尤其是交稿期限紧迫，好似头顶上的达摩克利斯之剑，让人压力山大。新年伊始，别人都在饱览大好春光，我便忙中偷闲，利用教学之余，孜孜矻矻钻在书里猜字谜，词典不离手，冷汗不离身，绞尽脑汁做翻译，反复斟酌如何用中文传达出原文读者的感受。

翻译从来就是一种挑战。翻译的困难无处不在，这次翻译更是如此，书里面各色人物粉墨登场，各路媒体杂志网站交替出现，俚语俗语俏皮话俯拾皆是，稍不留神，你都可能掉进文字的陷阱。困惑之时，我通过学生李盼盼请教过湖北商贸学院的美籍教师Alex Gonzales，他看到我用微信发过去的文字，立马用英语详细地答疑解惑。感谢他的古道热肠，让我受益匪浅。翻译本身就是一种文化交流，不能闭门造车。在我的翻译生涯中，生平第一次如此便捷地解决难题，这完全是一种崭新美妙的体验，真的要感谢因特网这个伟大的发明。

记得台湾作家老康说过："翻译就是把外国的东西磨成粉，倒入中国的模子里。"我从中领悟到了翻译的方法，学会了摆脱原文形式上的羁绊，按照中国思维和习惯来表达原文的终极意思。翻译最忌讳望文生义，忽悠读者。前两年网络盛传有人把Chiang Kai-shek（蒋介石）翻译成了"常凯申"，令国人大跌眼镜。此类错误成为我翻译工作的一面镜子，让我字斟句酌，如履薄冰，不敢马虎。

当然，翻译也是苦中有乐。十年前与朋友一道，为北京大学出版社翻译过一本《如何成为卓越的大学教师》的书，曾引发一系列的趣闻花絮。许多大学校长慧眼识珠，让他们的教职员工人手一册。而《像比尔·盖茨一样思考》这本书的读者面更加宽泛，商界人士、领袖人物、公司白领、公务员以及在校学生，但凡想要成功或更上一层楼的人，想必多少都需要一点比尔·盖茨那样的思维。所以我希望，这本书出版后，也能有奇迹发生。

翻译此书还让我产生了一种前所未有的感觉。美国的人文景物力透纸背，加之本人与盖翁年龄相仿，亲近感油然而生（比尔·盖茨若是生在中国，应该是71届知青）。书中的人物、事件与年代时时勾起人的记忆，让我的思维情不自禁地在时空上往来穿越。对比两个大背景下的生存状态和人生追求，让人感触万千。而这种思绪，大大有益于我的翻译工作。

在译"传奇人生的里程碑"这一节时，心里最为触动。1970年，盖茨与艾伦写下一个交通监视程序，为此两个少年赚了数千美金；这时的我，年满 16 岁，即将成为一名下乡知识青年，去农村的广阔天地“接受贫下中农的再教育”。让我欣慰的是，在那穷乡僻壤，英语成为我文化沙漠中的甘泉，滋润着我的灵魂，让我如痴如醉。我就是从那时开始收听 VOA 电台，自学英语的。

斗转星移，一个花甲已经走完，如今比尔·盖茨是举世闻名的科学巨匠，慈善大家，叫人高山仰止；我这个“滚一身泥巴、炼一颗红心”的 70 届知青，拜英语所赐，回城后在大学里教了一辈子书，如今又机缘巧合，有机会翻译一本揭秘一个美国同龄人的新书。

“与其做一株绿洲中的小草，还不如做一棵秃丘上的橡树。”盖茨小小年纪，就说出这样志大才高的话。当我们拼命努力，渴望有一天能够考上大学的时候，他居然敢把名牌大学玩了一把，从哈佛退学去创业，这种巨大的反差，让人感慨系之。为了创业，他那种饿了啃披萨、困了睡地板的拼命精神，有多少人能望其项背。为什么他能够把自己的兴趣爱好紧密结合科技发展的大势？为什么他既霸道专权又能网罗一大批天才精英为其所用？为什么他能够把科研发展和经商之道完美结合而成为世界首富？为什么一个哈佛退学的技术男能够赢得优秀才女的芳心？他的家庭对他的一生有何影响？为什么他要散尽家产做慈善，去关心普天之下的陌生人？通过这本书，你能够一一找到答案。

这位科学家、慈善家与大商人的经营之道和思维方式非常值得我们学习、思考与借鉴。譬如，每年成千上万的大学毕业生求职时往往遭遇一个现实悖论：有工作经验者优先。想想看，你不给我工作机会，我何来工作经验？我没有工作经验，就永远没有工作机会。这简直是个恶性循环的怪圈。可是比尔·盖茨说："我们的招聘永远把焦点对准刚刚从学校毕业的人……我们要求他们带着清晰的头脑来，不要被什么其他的方法污染了。"对于产品质量问题，他则认为：如果你把质量奉为圭臬，上市期限并不重要。

比尔·盖茨对人类文明的贡献以及晚年的乐善好施赢得了世界人民的尊敬与爱戴，他给富人做了一个表率，摒弃代表西方资本主义"得、得、得"(take,take,take)的文化，成为21世纪"舍、舍、舍"(give, give,give)运动的领军人物。身在大洋彼岸的比尔·盖茨，也很关心中国的慈善事业，"比尔与梅琳达·盖茨基金会"在北京设有办事处。

行文至此，我浮想联翩。"他山之石，可以攻玉。"读了这本书,我们会加深对盖茨其人其事的了解,学习和借鉴他的工作作风和思维方式。毋庸置疑,这对我们的个人成长和社会进步都是有益的。

彭汉良

2016 年 11 月 28 日